# 1週間2000円ひとり暮らしごはん

Hana

ナツメ社

## はじめに

# 1週間を2000円で暮らすということ

「たった2000円で1週間暮らすなんて、そんなことできる…？」
そう思ってあなたはこの本を開いてくれたことでしょう。

大学卒業と同時に上京して、ひとり暮らしを始めた22歳だった頃の私は、
自炊も家事もままならないまま、ただひたすら毎日を必死に生きていました。
朝起きて、急いで支度して、慣れない仕事をして、帰ってきて1人でごはんを食べて、
そして眠りにつく。そしてまた、朝がくる。

休日にはお出かけしたいし、友達とランチだって行きたい。
これは、22歳の女の子なら誰でも思う、ごく普通のこと。
でも、自分のお財布を覗くと、そこにはリッチとは対極の、
なんとも寂しい光景が広がっていました。

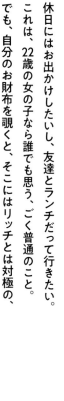

「手取り16万ってやっぱりキツいなぁ…」

でも、ないものを嘆いても仕方がない。
だったら、限られた予算の中で、いかに毎日の食事を充実させられるか…。

「よし、やってやろうじゃないか！　2000円で生きてやる！」
そう決めた日から、私の1週間2000円生活が始まりました。

この本では、食費を1週間2000円で暮らしてきた私が実践している
献立の立て方や買い物の仕方、そしてレシピの数々を紹介しています。

節約というと、どうしても「我慢」をする印象があるかもしれません。
でも、私はみんなに我慢をしてほしくないと思っています。

1度きりの人生だから、自分のやりたいことに挑戦して、失敗したり、成功したり。
お腹を抱えて笑ったり、ときには悔し涙を流したり。

自分の人生を、自分の体を、自分で作っていく。
そんな気持ちで一緒に毎日の料理や生活を楽しめたら、すごく嬉しいです。

この本は、単なる〝レシピ本〟ではなく、これからひとり暮らしを始めるあなたや、
今を頑張って生きるあなたの〝心の栄養〟として活用して欲しいのです。

# 3食自炊を続ける理由

あなたの声は、あなたが紡いだ言葉でできている。
あなたの体は、あなたが食べたものでできている。

だから、やさしい言葉を選んで使い、体に栄養があるものをバランス良く食べる。
すごくシンプルなことですが、これが私が自炊を続ける理由なのかもしれません。

栄養のある食べ物を食べることが体にとっての栄養に、
料理そのものの工程を楽しむことが心の栄養になっています。

休日に焼いたパンを冷凍しておくだけで、毎朝の食事が楽しみになったり、
お弁当には自分の好きなおかずを詰めて、午後を乗り切る活力にしたり。

そんな小さなことが、いつからか私の生活の基礎を作ってくれるものになっていました。
そして、3食自炊を続けるからこそ、たまに行く友達との外食がすごく楽しくて、
以前は「当たり前だったこと」を特別に感じるようになりました。

節約のためにしていたことが、お金以上に気持ちの部分で変化をもたらしてくれたのは、
自分でも予想していなかったことでした。

# 節約の先に何がある？

節約という言葉を辞書で調べると、「無駄を省くこと」と出てきます。

言葉だけを聞くと、我慢の連続や、あまり食べない食生活をイメージするかもしれません。

でも、この本でみなさんに紹介したいのは「アイデアを考えることの楽しさ」なのです。


２０００円しかない中で、何品作れるのか？　何を組み合わせたらボリュームが出るのか？

そうやって考えるのは、確かに時間がかかることかもしれない。

でも、限られたものを、自分のアイデアひとつでキラキラしたものに変えることができる。


これが、「節約」から得られるスキルであり、パワーなのだと思います。

そして、そんな考え方を身につけると、あら不思議！

そのパワーは生活のいかなる場面でも活用することができるんです。

「こんなこと、私にできるかな？」と思うことに出あっても、
「よし、私のアイデアで調理してみよう！」と、
前向きに向き合えるようになったら、それはもう、あなたの勝ちなのです。

千円札２枚と少しのアイデアで、毎日がきっと、もっと楽しくなるはずだから。

さぁ、私と一緒に新しい１週間２０００円の旅を始めよう！

Ｈａｎａ

＼3食×7日間／

# 1週間2000円のルール5

## RULE 1 食費は週ごとに分ける！

目に見えて管理しやすい方法を！

クレジットカードだとついついオーバーしがち…。コントロールしやすい方法を選んで！ 私は現金派だよ

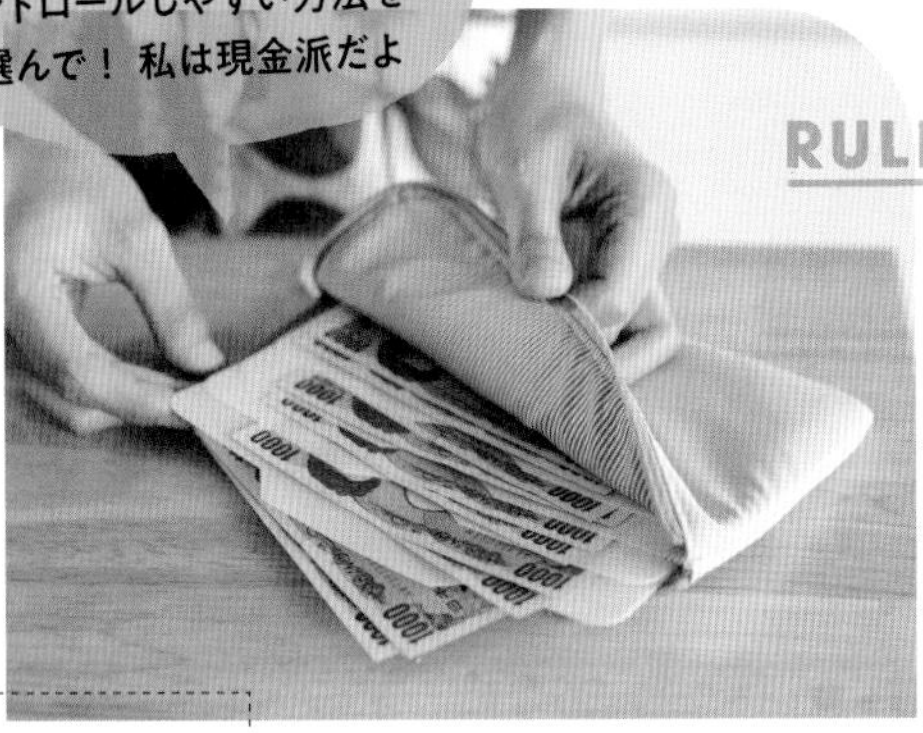

予算1万円

| | |
|---|---|
| week1 | 2000円 |
| week2 | 2000円 |
| week3 | 2000円 |
| week4 | 2000円 |
| 調味料・米など | 2000円 |
| 合計 | 1万円 |

月に1万円と決めてPayPayなどの電子マネーにチャージしたり、現金を2000円ずつ袋に入れて分けておくと、自分がその週に使える額が分かるから、無駄使い防止にgood！

## RULE 2 スーパーは週に1回

予算内に収めるにはこれがベスト！

買い物に行く日はいつでもOK! 私は日曜日に行くことが多いよ

週に1回スーパーに行って、その後はまとめて副菜の作りおきを。余分な買い物を減らすことができます！

米や小麦粉、調味料は1か月に1回補充して

## RULE 3
# 旬の野菜を買う
安くて美味しい！ いいことづくめ

春　キャベツ、玉ねぎ
夏　トマト、なす
秋　さつまいも、かぶ
冬　大根、白菜

旬の野菜は安くて美味しいから、節約の強い味方！ 旬を楽しむこともできて一石二鳥。

## RULE 4
# 〝あるもの〟で作ってみる
買い足す前に冷蔵庫とにらめっこ

1週間2000円の食費でやりくりするために1番大切なマインドは、“あるもので作る”ことを楽しむこと！ レシピ通りの材料がなくても作れることも多いもの。焼売に刻んだ白菜を入れてみたり、ひき肉で肉じゃがを作ってみたり…。

## RULE 5
# 副菜と汁物で満腹に！
あるのとないのとでは大違い！

メイン料理とごはんだけだと、どうしてもなんだか物足りない…。そんなときにおなかを満たしてくれるのが、副菜と汁物！ この2つは2000円ごはんを続けるなかで超重要。見た目も豪華になって、幸せな気持ちになります。

豆皿を使うことで、見た目の満足感が上がるからおすすめ！

# 1週間分の買い物をしたら…

## 1週間分の食材

卵や肉は安いスーパーで、野菜は近所の八百屋や、目玉商品として売られているスーパーへはしごして買い出し！

**野菜7割**
旬の野菜はリーズナブルでおすすめ！ 日持ちのする根菜も1～2種類買ってるよ。

**たんぱく質食材3割**
肉のほかに卵や豆腐でカサ増し！ 肉はみじん切り器やミキサーでひき肉にして使うことも。

| | |
|---|---|
| 白菜 | 120円 |
| 小松菜 | 90円 |
| 豆苗 | 90円 |
| 玉ねぎ | 50円 |
| かぼちゃ | 150円 |
| にんじん | 100円 |
| ミニトマト | 150円 |
| 卵 | 135円 |
| 豆腐 | 35円 |
| 鶏肉 | 1080円 |
| 合計 | 2000円 |

＊地域やスーパーによって食材の価格は異なります。
＊1週間2000円に含まれているのは、毎週の献立に使う肉、魚、野菜などの食材です。
＊調味料、米などは、月に1回必要であれば買い足す程度で、毎週は購入していません。

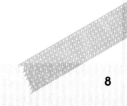

# 1週間分の作りおき！

## 1週間分の作りおき

買い出しから帰ってきたら、そのまま作りおきをはじめることが多いよ。パンを先に仕込んで、発酵中に副菜作りが◎。

**この週の作りおき**

- **a** 簡単ボロネーゼ⇨ P48
- **b** 白菜の浅漬け⇨ P39
- **c** キャロットラペ⇨ P31
- **d** かぼちゃサラダ⇨ P26
- **e** つくね⇨ P84
  （月見つくねの卵黄を除く）
- **f** 小松菜とにんじんのごま和え⇨ P35
- **g** チャバタ⇨ P58
- **h** ベーグル⇨ P56

作りおきでは、パン1～2種類と、野菜の副菜を3～5品、そして冷凍できるお弁当のおかず2品を毎週作っているよ！

献立シートを活用して！

# 1週間の献立の立て方をおぼえよう！

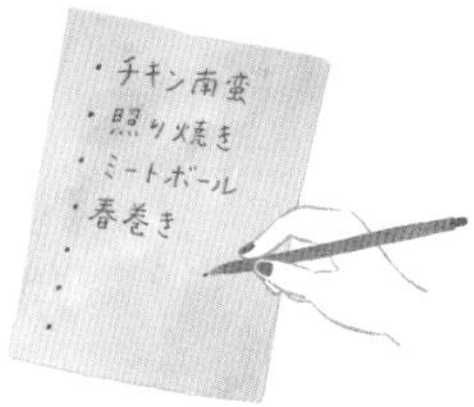


START !!

↓

## 1 作りたいメインを7つ書き出す

まずは自分が夜に食べたいメインのおかずを7日分書き出してみて。業務スーパーなどで安く購入できてボリューミーな鶏むね肉や豚肉で作れるものを考えると、比較的スラスラとアイデアが湧いてきます！ あとは、肉オンリーではなく、野菜や豆腐、卵を具材に加えてカサ増しできるおかずを選ぶのもポイント！ 思いつかない場合は、飲食店のメニューをネットで検索したりして、自分が惹かれるものを探すのも楽しいです。

↓

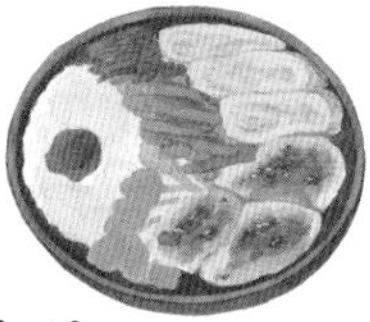

## 2 お弁当が必要な人はお弁当用のおかずを決める

お弁当のおかずも事前に決めておきます。前日のメインおかずを多めに作って詰める、週末に作りおきして冷凍したおかずを詰めるなど、「おかずを作るタイミング」も決めておくのがおすすめ！ 1週間のお弁当作りが続けやすくなります。

↓

## 3 冷蔵庫の残り食材を書き出す

夜のメインとお弁当のおかずを決めたら、冷蔵庫をチェック！ 残っている食材を書き出して、足りない食材を洗い出します。冷蔵庫を確認せずに買い物に行ってしまうと、食材を無駄に買って余らせてしまうことになるので、これは毎回するようにしています。

## 4 メインおかずを作るのに必要な食材を書き出す

冷蔵庫の食材をチェックしたら、作りたいメインおかずに合わせて購入したい食材を書き出します。例えば、チキン南蛮なら鶏肉、卵、月見つくねなら鶏ひき肉、卵、玉ねぎといった具合です。

↓

## 5 購入する食材と残り食材で作れる副菜を書き出す

メインおかずを作るのに必要な食材で、どんな副菜が作れるのか、組み合わせを考えて書き出していきます。例えば、ミートボールを作るとしたら、ひき肉、玉ねぎ、にんじんが必要。この中から、ひき肉と玉ねぎでボロネーゼ、にんじんでキャロットラペが作れる…というように考えます。私は書き出した副菜の中から、自分が今週作りたいものを、4～5品ぐらい選んで作っています。

★にんじんと小松菜の副菜は救世主！ 安いし、彩りも助けてくれるから、よく買います♪

↓

## 6 献立を完成させる

作りたいメインおかずと作れる副菜を書き出したら、最後に日ごとに記入して、献立シートの完成！ これがあるだけで、毎日献立を考えなくて済むから、本当に夜ごはんを作るのが楽になります！

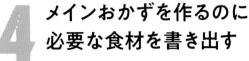


↓

GOAL !!

**HOW TO**

① まずは3の夜に食べたいメインを決定。

② 次に4でお弁当のメインも決定。

③ 家の冷蔵庫を確認して、1にあるものを記入。

# Hanaの1週間の献立シート

## 1 家にあるもの

玉ねぎ、じゃがいも、
ねぎ少し、春巻きの皮、
きゅうり1本、
トマト缶半分、チーズ

③ 買い物に行く前に必ず、冷蔵庫の中をチェック！ 乾物なども把握してね！

## 2 買い物リスト

- [ ] 鶏むね肉2kg
- [ ] 卵
- [ ] 白菜
- [ ] 小松菜
- [ ] にんじん
- [ ] 豆苗
- [ ] ミニトマト
- [ ] レタス
- [ ] 
- [ ] 
- [ ] 
- [ ] 
- [ ] 

④ メインや副菜を作るのに欠かせない食材を書いてね！

## 3 夜のメイン

① まずは7日間の夜ごはんのメインを考えるよ

| | |
|---|---|
| MON | 鶏チリ |
| TUE | つくね |
| WED | ハニーマスタードチキン |
| THU | 春巻き |
| FRI | ミートボール |
| SAT | 甘辛照り焼き |
| SUN | チキン南蛮 |

## 4 お弁当のメイン

② 夜のメインやその食材で作れるお弁当のおかずを考えて…。土日は家で食べてるよ！

| | |
|---|---|
| MON | チャーハン |
| TUE | 鶏チリ |
| WED | つくね |
| THU | ハニーマスタードチキン |
| FRI | 春巻き |
| SAT | オムライス |
| SUN | ミートソースパスタ |

## 5 副菜

小松菜とにんじんのごま和え
カップグラタン
白菜の浅漬け
ポテサラ
キャロットラペ
わかたま中華スープ

⑤ 最後に、家にある食材や購入する食材で作れる副菜を書いたら、献立表は完成！

## 書き込んでみよう!
## 1週間の献立シート

④ 購入したいものを②に書き出す（赤文字はメイン・副菜に必要ないけど欲しいもの）。

⑤ 最後に家にある食材や購入する材料から作れる副菜を、思いつく限り⑤に書き出す。

### 1 家にあるもの

### 2 買い物リスト

- ☐
- ☐
- ☐
- ☐
- ☐
- ☐
- ☐
- ☐
- ☐
- ☐
- ☐
- ☐
- ☐

### 3 夜のメイン

MON

TUE

WED

THU

FRI

SAT

SUN

### 4 お弁当のメイン

MON

TUE

WED

THU

FRI

SAT

SUN

### 5 副菜

Hanaのある1週間の

# 朝・昼・夜の献立

週に1度の買い出しでどのように献立を展開しているか紹介します。作りおきの副菜があれば、品数も増やせて大満足。

| | MON | TUE | WED |
|---|---|---|---|
| **朝**<br>朝はパンにジャムを挟んで、コーヒー1杯が定番！ | <br>・ベーグル＋ブルーベリージャム<br>・コーヒー | <br>・ベーグル＋ピーナツバター<br>・コーヒー | <br>・ベーグル＋りんごジャム<br>・コーヒー |
| **昼**<br>平日の昼は作りおきをつめたお弁当、休日はパパッと一品！ | <br>・ふりかけ混ぜごはん<br>・つくね<br>・簡単ボロネーゼ<br>・小松菜とにんじんのごま和え<br>・ゆで卵 | <br>・チャーハン<br>・小松菜とにんじんのごま和え<br>・ミニトマト | 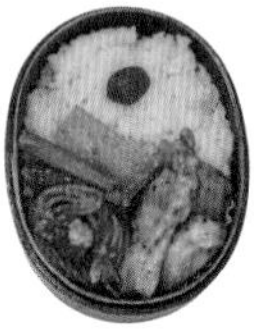<br>・甘辛照り焼き<br>・簡単ボロネーゼ<br>・小松菜とにんじんのごま和え<br>・ごはん＋梅干し |
| **夜**<br>夜はメインだけ作って、あとは作りおきを添えて！ | <br>・チキン南蛮＋豆苗＆ミニトマト添え<br>・かぼちゃサラダ<br>・小松菜とにんじんのごま和え<br>・簡単ボロネーゼ<br>・豆苗のみそ汁<br>・ごはん＋梅干し | <br>・麻婆豆腐<br>・かぼちゃサラダ＋ミニトマト<br>・白菜の浅漬け<br>・小松菜とにんじんのごま和え<br>・わかたま中華スープ<br>・ごはん | <br>・油淋鶏＋豆苗＆ミニトマト添え<br>・かぼちゃサラダ<br>・小松菜とにんじんのごま和え<br>・キャロットラペ<br>・麻婆豆腐残り<br>・わかたま中華スープ<br>・ごはん＋白菜の浅漬け |

作りおきしておいた白菜の浅漬けを使ったタルタルソースがポイント！

肉に豆腐をプラスして、ボリュームとたんぱく質をカサ増ししたよ

作りおきの保存期間は
3～4日程度なので、週の
途中に追加で作るよ！

| SUN | SAT | FRI | THU |
|---|---|---|---|
|  |  |  |  |
| ・チャバタ+<br>ミートソース | ・チャバタ+オムレツ<br>・コーヒー | ・ベーグル+オムレツ<br>・コーヒー | ・ベーグル+<br>ブルーベリージャム<br>・コーヒー |
|  |  | 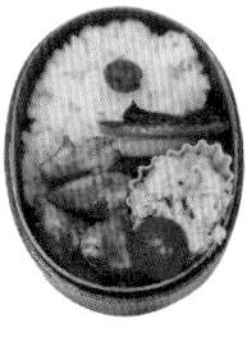 |  |
| ・チャーハン | ・ミートソースパスタ | ・ふわたまチリチキン<br>残り<br>・かぼちゃサラダ<br>・小松菜のナムル（追加）<br>・ミニトマト<br>・ごはん+梅干し | ・3色丼弁当<br>（鶏そぼろ／卵そぼろ／<br>ゆで小松菜） |
| 日曜の昼といえば<br>簡単に作れるチャ<br>ーハンが楽チン！ | 残り物で作れるミー<br>トソースは、ドリア<br>にしても美味しいよ | | |
|  |  |  |  |
| ・照り焼きつくね+<br>豆苗&ミニトマト添え<br>・白菜のごましょうが<br>和え<br>・小松菜のナムル<br>・キャロットラペ<br>・わかめのみそ汁<br>・ごはん | ・中華春雨<br>・かぼちゃサラダ<br>・小松菜のナムル<br>・キャロットラペ<br>・豆腐とわかめの<br>みそ汁<br>・ごはん+梅干し | ・塩ニンニク唐揚げ+<br>豆苗&ミニトマト添え<br>・かぼちゃサラダ（追加）<br>・キャロットラペ（追加）<br>・白菜のごましょうが<br>和え（追加）<br>・豆腐とわかめの<br>みそ汁<br>・ごはん+梅干し | ・ふわたまチリチキン+<br>豆苗<br>・かぼちゃサラダ<br>・キャロットラペ<br>・小松菜とにんじんの<br>ごま和え<br>・わかたま中華スープ<br>・ごはん+白菜の浅漬け |
| | 肉が少ししかな<br>い！ということで、<br>春雨でカサ増し！ | | 肉×卵でたんぱく<br>質も栄養もUP！ |

# 毎日の Hanaのルーティーン

1週間の献立を立てて
買い物もすませておくと、
他の日にゆとりが生まれる！

## AM

**06:00　起床**

起きてすぐに顔を洗って
目を覚ます

**06:20　お弁当作り**

ごはんをチンして、
あとは残り物を詰めたり、
作りおきを詰めたり…

作りおきが大活躍！

**06:40　朝ごはん**
**ベーグルとコーヒー**

ニュースを見ながら、
朝ごはんをパクパク…

朝は手作りパン！
夜のうちに冷蔵庫に移して
自然解凍が◎

**07:00　会社に行く準備**

お化粧、髪の毛を巻いたり、
着替えたり…

**09:30　仕事開始**

会社でコーヒーを1杯飲む

## PM

お天気のいい日
は公園で食べる
こともあるよ

**12:30　お昼ごはん**

お弁当を食べる

**15:00　おやつ**

家からお菓子を持ってきてる
場合はそれを食べたり、
会社にお菓子があるときは
それを食べたり…

**18:00　退勤**

日曜日に買い物をして
いるから、平日は別の
ことに時間を使える！

**19:30　ジムでトレーニング**

プロテインを飲む
(食費には入れてないよ！)

**21:00　帰宅**

ごはんやスープ
の温め直しも同
時進行！

**21:10　夜ごはん作り**

メインを作るだけ！

**21:30　好きなYouTubeを見ながら**
**夜ごはんタイム**

**22:00　YouTubeやInstagram用の**
**動画を編集して投稿**

**23:00　就寝**

すやすや…

## あなたも書き込んでみよう!

| AM | PM |
| --- | --- |
| 88:88 | 88:88 |
| 88:88 | 88:88 |
| 88:88 | 88:88 |
| 88:88 | 88:88 |
| 88:88 | 88:88 |
| 88:88 | 88:88 |
| 88:88 | 88:88 |
| 88:88 | 88:88 |

# CONTENTS

## PART 3 メインだけ作る夜ごはん30



## PART 4 気分で選ぶ とっておきごはんとおやつ

この本の使い方

# 夢や目標を叶えていくための あなただけのレシピノートに

この本では私がいつも作っている作りおきから、メイン料理、そしてお菓子やパンまで、おいしくて、簡単に作れるレシピをたくさん紹介しています。「今週の作りおきは何を作ろうかな？」「今日のごはんどうしよう？」そんなときはこの本を開けば、食べたいもの、作りたいものが見つかるはず！ そして、レシピを作って気づいたことや思いついたアイデアがあればどんどん書き込んで、自分だけのレシピノートとして使ってください！

保存期間はアイコンでわかりやすく表示

レシピのポイントを紹介

副菜の作りおき
BEST 1
絶対に作ってみてほしい！
キッシュ
1個入れるだけで、いつものお弁当がグッと華やかに！ 意外と簡単に作れて、栄養バランスが抜群！ 冷凍保存もできるから、「あと一品足りない！」っていうときに大活躍！
保存期間
冷蔵 3日
冷凍 2週間
作り方
1 じゃがいも、玉ねぎは1cm角に切り、ハムは1cm四方に切る。ほうれん草は2cm長さに切り、食パンは一口大に切る。
2 耐熱容器にじゃがいもを入れてラップをして、電子レンジで2～3分加熱する。
3 フライパンにサラダ油を中火で熱し、玉ねぎ、ハム、ほうれん草、2を入れ、じゃがいもに竹串がスッと通るまで炒める。
4 ボウルにAを入れて混ぜ合わせ、3、食パンを加えて混ぜ合わせる。
5 カップ5個に、4を5等分にして流し入れ、ピザ用チーズをのせる。
6 天板に5をのせ、180℃に予熱したオーブンで20分ほど焼く。
溶き卵……2個分
牛乳……100mℓ
顆粒ブイヨン……5g
パンを入れることで、解凍してもふんわり食感に。冷凍保存するときは、1個ずつラップに包んで。お弁当に詰める時は電子レンジで1分加熱して、解凍してから入れてね。
memo
24

自由に書き込めるmemo欄

作り方や材料のことなど、ワンポイントアドバイス♪

## PART 1 は作りおきできる副菜おかずを20品紹介!

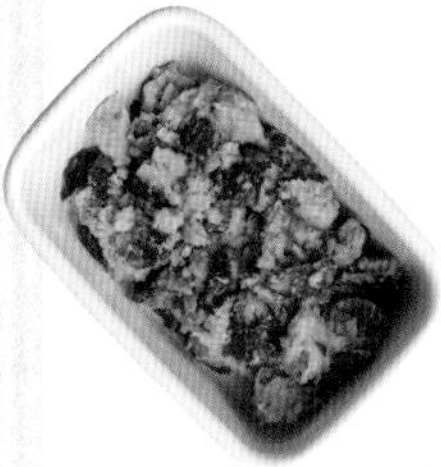

小皿に盛るから、
分量は少なくてもOK！
作りやすい分量は、
豆皿4~6皿分が目安!

## PART 2 は大好評の手作りパンの作り方をわかりやすく紹介!

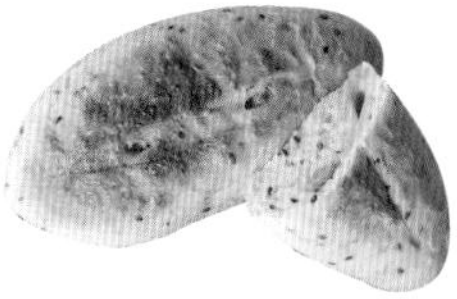
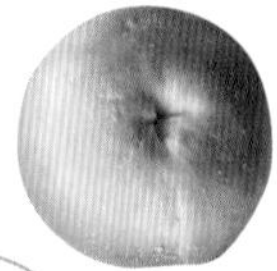

冷凍保存できるから
毎日食べられる！

## PART 3 はボリューム満点のメインおかず!

安い材料でも
満足できるメインばかり♪

## PART 4 はその日の気分で選ぶとっておきのレシピ!

心も満たされる
レシピたち

レシピの決まり

＊材料は1人分を基本にしています。レシピによっては、作りやすい分量などもあります。
＊計量単位は大さじ1=15mℓ、小さじ1=5mℓとしています。
＊電子レンジは600Wを基本としています。500Wの場合は加熱時間を1.2倍にしてください。
＊「少々」は小さじ1／6未満を、「適量」はちょうどよい量を、「適宜」は好みで必要があれば入れることを示します。
＊保存期間は目安です。冷蔵・冷凍庫内の冷気の循環状態、開け閉めする頻度などにより、おいしく食べられる期間に差が出る可能性があります。
＊保存の際には、食品の粗熱をしっかりととり、清潔な箸や容器を使ってください。

PART 1

# これだけあれば安心！
# 副菜おかず
# BEST 20

週末や、時間に余裕があるときに
作っておくと便利な副菜。
栄養バランスがととのうし、
お弁当にも詰めるだけでいいから、
時間とお金の節約に！
アレンジや
トッピングのバリエーションも
紹介しているので、
いろいろと試してみて！

副菜の
作りおき

BEST 1

# 絶対に作ってみてほしい！

# キッシュ

1個入れるだけで、
いつものお弁当がグッと華やかに！
意外と簡単に作れて、
栄養バランスが抜群！
冷凍保存もできるから、
「あと一品足りない！」
っていうときに大活躍！

保存期間
冷蔵 **3**日 | 冷凍 **2**週間

**材料　5個分**

じゃがいも……1個（100g）
玉ねぎ……1/4個
ロースハム（またはベーコン）……4枚
ほうれん草……1株
食パン……1枚（50g）
**A** | 溶き卵……2個分
　牛乳……100mℓ
　顆粒ブイヨン……5g
ピザ用チーズ……適量
サラダ油……小さじ1

Hanaのワンポイント

パンを入れることで、解凍してもふんわり食感に。冷凍保存するときは、1個ずつラップに包んで。お弁当に詰める時は電子レンジで1分加熱して、解凍してから入れてね。

**作り方**

**1** じゃがいも、玉ねぎは1cm角に切り、ハムは1cm四方に切る。ほうれん草は2cm長さに切り、食パンは一口大に切る。

**2** 耐熱容器にじゃがいもを入れてラップをして、電子レンジで2～3分加熱する。

**3** フライパンにサラダ油を中火で熱し、玉ねぎ、ハム、ほうれん草、**2**を入れ、じゃがいもに竹串がスッと通るまで炒める。

**4** ボウルに**A**を入れて混ぜ合わせ、**3**、食パンを加えて混ぜ合わせる。

**5** カップ5個に、**4**を5等分にして流し入れ、ピザ用チーズをのせる。

**6** 天板に**5**をのせ、180℃に予熱したオーブンで20分ほど焼く。

memo

副菜の
作りおき

BEST 2

## 簡単に作れる
## おしゃれなデリ風おかず

# かぼちゃサラダ

ホクホクとした食感が美味しいかぼちゃ。
たくさん作って余ったら、
ひき肉と玉ねぎを加えて、
衣をつけて揚げれば
かぼちゃコロッケに大変身！

保存期間
冷蔵
**3~4日**

### 材料　作りやすい分量

かぼちゃ……200g
ドライトマト……2個
**A**｜マヨネーズ……大さじ2
｜顆粒ブイヨン……2g
粗びき黒こしょう……適宜

Hanaのワンポイント

**ドライトマトはなくてもOK! ミックスナッツやレーズンに代えれば、変化も楽しめて◎。お気に入りの具材を見つけたら、memoに残してね。**

### 作り方

**1** かぼちゃは2㎝角に切り、ドライトマトはキッチンバサミで小さめに切る。

**2** 鍋に湯を沸かし、かぼちゃを柔らかくなるまでゆでて、水けをきる。

**3** ボウルに**2**を入れ、フォークでつぶし、ドライトマト、**A**を加えて軽く混ぜ、好みで粗びき黒こしょうをふる。

memo

副菜の作りおき

BEST 3

お箸が止まらない！

# 根菜サラダ

れんこんのシャキシャキ感と、
枝豆のやさしい甘さがクセになる！
私がよく作る定番メニューのひとつだよ。
根菜ってなんでこんなに
美味しいのかな～！

保存期間
冷蔵
2~3日

材料　作りやすい分量

れんこん……中1節（200g）

にんじん……中1/8本

ひじき（乾燥）……2g

枝豆（冷凍／さやから取り出す）
……正味25g

**A**
しょうゆ……小さじ2
砂糖・みりん……各小さじ1
和風顆粒だし……小さじ1/2
すりおろししょうが（チューブ）……小さじ1

マヨネーズ……大さじ1

ごま油……小さじ1

作り方

**1** れんこんは5㎜厚さのいちょう切りにし、水に2～3分ほどさらして水けをきる。にんじんは3～4㎝長さの細切りにする。ひじきは水で戻し、水けをきる。

**2** フライパンにごま油を中火で熱し、れんこん、にんじんを入れて3～4分軽く炒め、**A**を加えてれんこんに火が通るまで炒める。

**3** 粗熱がとれたらマヨネーズ、ひじき、枝豆を加えて和える。

Hanaのワンポイント

先に野菜と調味料を炒めて、野菜に調味料の味をしっかり染み込ませるのがポイント。最後にマヨネーズをからめて完成！

memo

## おかずにも おつまみにも◎

# さつまいものチーズサラダ

切って、ゆでて、和えるだけで
デパ地下で買うような
おしゃれで美味しい副菜の完成！
粉チーズでカルシウムもとれるよ！

**材料　作りやすい分量**

さつまいも……150g

A
- 粉チーズ……大さじ1
- はちみつ・しょうゆ……各小さじ1
- 塩……ひとつまみ

粗びき黒こしょう……適量

保存期間
冷蔵
2～3日

**作り方**

1 さつまいもは皮つきのまま2㎝角に切る。

2 鍋に湯を沸かし、**1**を柔らかくなるまでゆでて水けをきる。

3 ボウルに**1**、**A**を入れて和え、粗びき黒こしょうをふる。

Hanaのワンポイント

**コロコロサイズで見た目もかわいい。出来立てを食べるときは、スライスチーズをのせても美味しいよ！**

副菜の作りおき

BEST 5

# 彩りアップに欠かせない! キャロットラペ

毎週作っている私の大好物、キャロットラペ!
お弁当によく入れるんだけど、
これだけで彩りが良くなるし、
何より酢の物だから
保存期間が長いのもお気に入り。

保存期間
冷蔵
4~5日

Hanaのワンポイント

ポイントはとにかく薄く、細く切ること！一晩おくと、味が染み込んでより美味しくなるよ。

## 材料　作りやすい分量

にんじん……中1/3本

A | 酢……大さじ3
　| 砂糖……大さじ1

レーズン……適量

## 作り方

1 にんじんはスライサーで薄く切ってからせん切りにする。

2 ボウルに**1**、**A**、レーズンを入れて和える。

副菜の作りおき
BEST 6

# シチリアの伝統料理を おうちで カポナータ

切って煮込むだけの簡単レシピ！
野菜はじゃがいもや、にんじん、かぼちゃなどなんでもＯＫ。
２日目がコクが増して美味しいよ。

## 材料　作りやすい分量

セロリ……1本
なす……1本
玉ねぎ……1/2個
パプリカ（黄）……1個
ズッキーニ……1/2本（120g）
**A**｜トマト水煮缶（カット）……1缶（400g）
｜すりおろしにんにく（チューブ）・顆粒ブイヨン・砂糖……各小さじ1
塩……適量
オリーブオイル……大さじ1

## 作り方

**1** セロリは筋を取る。野菜はすべて1cm角に切る。

**2** フライパンにオリーブオイルを中火で熱し、**1**を入れてしんなりするまで炒める。

**3** **A**を加え、蓋をして弱火で20分ほど煮込み、塩で味をととのえる。

保存期間
冷蔵 **3~4**日｜冷凍 **2**週間

副菜の作りおき BEST 7

ひとり暮らしの味方食材で作る！

# もやしナムル

もやしはひとり暮らしの強い味方！
豆もやしを使えば、
歯応えと美味しさアップ！
ごま油の香りが食欲を刺激して、
ごはんにもよく合うよ。

**材料　作りやすい分量**

豆もやし……1袋

A
- ごま油……大さじ1と1/2
- しょうゆ……小さじ2
- 鶏がらスープの素・すりおろしにんにく（チューブ）……各小さじ1
- 塩……ひとつまみ

白いりごま……適量

**作り方**

1　鍋に湯を沸かし、もやしをさっとゆでて、水けをきる。

2　ボウルに**1**を入れ、熱いうちに**A**を加えて和え、白いりごまをふる。

保存期間
冷蔵
2~3日

Hanaのワンポイント

水けはしっかりきってね。温かいうちに味つけすることで、味が染み込むよ。

# こってりマヨ味が食べたいときに マカロニサラダ

そのままでも
もちろん美味しいけれど、
少しソースをかけて
味変するのもおすすめ！
マカロニをじゃがいも3個に
代えればポテサラに。

## 材料　作りやすい分量

マカロニ（乾燥）……50g
玉ねぎ……1/4個
きゅうり……1/2本
ロースハム……3枚
**A**
マヨネーズ……大さじ2
酢……大さじ1
砂糖……小さじ1
塩・こしょう……各少々
粉チーズ（あれば）……適量

## 作り方

**1** 玉ねぎ、きゅうりは薄切りにし、塩少々（分量外）をふって揉み込み、5分ほどおいたら水けをしっかりと絞る。ハムは1cm四方に切る。

**2** 鍋にたっぷりの湯を沸かし、マカロニを袋の表示時間通りにゆでて、水けをきる。

**3** ボウルに**1**、**2**、**A**を入れて和える。

保存期間
冷蔵
**3～4**日

Hanaのワンポイント
乾燥マカロニは、サラダから主食まで作れるから、常備しておくと便利！

作りおきの定番！

# 小松菜とにんじんのごま和え

「副菜は何を作ろう…？」と思ったときに、いつも作るのがこの一品。栄養も豊富だし、お弁当にもめっちゃ使えるよ！

副菜の作りおき BEST 9

**材料　作りやすい分量**

小松菜……2株
にんじん……中1/4本
A　白すりごま……大さじ1
　しょうゆ……小さじ2
　砂糖……小さじ1

Hanaのワンポイント
ツナ缶やサラダチキンを加えれば、たんぱく質もとれて◎。

保存期間
冷蔵
3~4日

**作り方**

1　小松菜は4cm長さに切り、にんじんは4cm長さの短冊切りにする。
2　鍋に湯を沸かし、にんじんを1分ほどゆでたら、小松菜を加えてさらに1分ほどゆでて、水けをしっかりときる。
3　ボウルに**2**、**A**を入れて和える。

副菜の作りおき

BEST 10

きゅうりのさっぱり感が◎

# きゅうりとわかめの酢の物

おばあちゃんがよく作ってくれていた私の田舎の味のひとつ。疲れたときには、やっぱり酢の物が食べたくなる！忙しいときによく作ってるよ！

**材料　作りやすい分量**

わかめ(乾燥)……3g
かに風味かまぼこ……2本
きゅうり……1/2本
A　酢……大さじ2
　　砂糖……小さじ1

**作り方**

1　わかめは水で戻し、水けを絞る。かに風味かまぼこは裂く。

2　きゅうりは薄切りにし、塩少々(分量外)をふって5分ほどおき、水けをしっかりと絞る。

3　ボウルに**1**、**2**、**A**を入れて和える。

Hanaのワンポイント

かに風味かまぼこの甘みが酸味をやわらげて、食べやすさアップ！

保存期間
冷蔵
3~4日

# ミニトマトの酢の物

**材料と作り方**　作りやすい分量

ボウルに半分に切ったミニトマト7~8個分、酢大さじ2、砂糖小さじ1を入れて和える。

# パプリカの酢の物

**材料と作り方**　作りやすい分量

ボウルに1cm幅に切ったパプリカ(黄)1個分、酢大さじ2、砂糖小さじ1を入れて和える。

Hanaのワンポイント

細切りにした青じそやみょうがをのせるのもおすすめ！白いりごまもアクセントになって美味しいよ。

副菜の作りおき BEST 11

3時のおやつにも、
おかずにも！

# 大学いも

揚げずに作れるから、
ひとり暮らしでも
ハードルは高くない！
お弁当のおかずにはもちろん、
3時のおやつにもぴったり。

**材料　作りやすい分量**

さつまいも……中1本（200g）

**A**
- はちみつ……大さじ3
- 砂糖・みりん・しょうゆ……各大さじ1

黒いりごま……適量

**作り方**

1. さつまいもは皮つきのまま食べやすい大きさに切り、水に5分ほどさらして水けをきる。
2. 鍋に**1**、かぶるくらいの水を入れ、柔らかくなるまでゆでて、水けをきる。
3. フライパンに**A**を入れて中火にかけ、とろみがついてきたら**2**を加えてからめ、黒いりごまをふる。

保存期間
冷蔵 **3～4**日 ｜ 冷凍 **2**週間

Hanaのワンポイント
アイスにトッピングして、いつもより特別なおやつにするのも楽しい！

副菜の作りおき
BEST 12

昆布を入れることで、だしがきいて美味しい！

# 白菜の浅漬け

あと一品ほしいときにあると助かるお漬け物。買うと少し高いけど、自分で作ればたっぷり作れて、心置きなく食べられます！薄切りにしたきゅうりをプラスしても◎。

**材料　作りやすい分量**

白菜……1枚（100g）
にんじん……中1/8本
昆布（3cm×3cm）……1枚
**A**　砂糖・酢……各小さじ1
　塩……ひとつまみ
　赤唐辛子（輪切り）……少々

Hanaのワンポイント

一晩おくとより味がなじむよ。チキン南蛮（P80）のタルタルソースにも入れてみてね！

**作り方**

**1**　白菜は食べやすい大きさに切り、にんじんはせん切りにする。昆布はキッチンバサミで細く切る。

**2**　保存袋に**1**、**A**を入れ、しっかりと揉み込み、冷蔵庫で10分ほどおく。

保存期間
冷蔵
**4~5**日

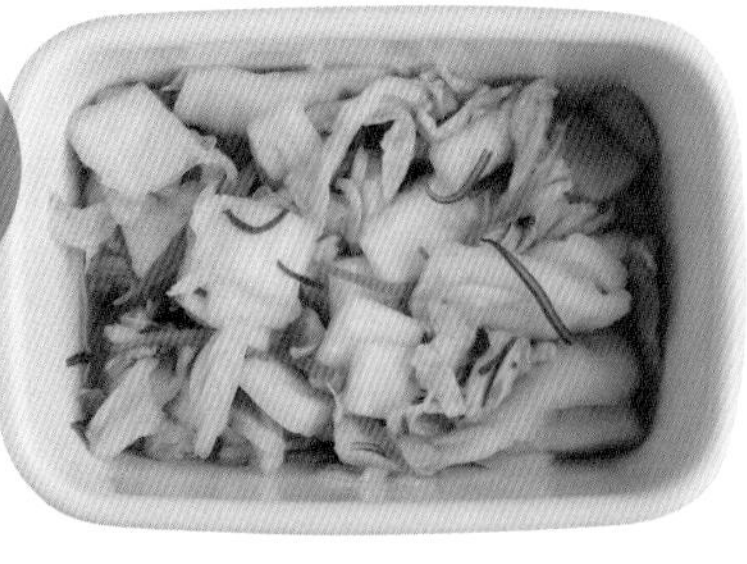

副菜の作りおき BEST 13

ちょっぴり甘いのがクセになる！

# ハニーマスタードポテサラ

普通のポテサラに飽きたときは、ハニーマスタード味を試してみて！マスタードの風味とはちみつの甘みが、やみつきになること間違いなし。腹持ちのいいじゃがいもは、ひとり暮らしにマスト！

**材料　作りやすい分量**

じゃがいも……中3個（300g）
きゅうり……1/3本
ロースハム……2枚

**A**
マヨネーズ……大さじ1
粒マスタード・はちみつ……各小さじ1
塩・こしょう……各少々

**作り方**

**1** 鍋にじゃがいも、かぶるくらいの水を入れ、柔らかくなるまでゆでて、水けをきる。

**2** きゅうりは小口切りにし、塩少々（分量外）をふって5分ほどおき、水けをしっかりと絞る。ハムは1cm四方に切る。

**3** ボウルに**1**を入れ、フォークでつぶし、**2**、**A**を加えて和える。

保存期間
冷蔵
**2～3日**

Hanaのワンポイント

耐熱皿に入れ、ピザ用チーズ適量を散らしてオーブントースターで表面を焼いても◎！

副菜の作りおき BEST 14

にんにくの香りで食欲増進！

# かぼちゃのガーリックロースト

ホクホクのかぼちゃに
にんにくとしょうゆの香りを
まとわせて、食べ始めたら
止まらない一品の完成！

**材料　作りやすい分量**

かぼちゃ……1/8個
にんにく（薄切り）……1かけ分
しょうゆ……大さじ1
オリーブオイル……大さじ1

**作り方**

1 かぼちゃは5㎜厚さに切り、一口大に切る。
2 フライパンにオリーブオイルを弱火で熱し、にんにくを入れて香りが立ったら中火にし、**1**を加え、蓋をして、柔らかくなるまで両面を焼く。
3 しょうゆを回し入れてからめる。

Hanaのワンポイント

ベーコンやきのこを一緒に炒めて、主菜にしても。にんにくはチューブでもOK ！

保存期間
冷蔵
3～4日

副菜の作りおき

BEST 15

# ごはんが進んで止まらない！
# 肉みそ

なんにも作りたくない、そんな日もあるよね。
そんなときは肉みそをごはんやうどんにのせて食事はおしまい！
これがあるだけで、安心感が段違い！

**材料　作りやすい分量**

豚ひき肉（または鶏ひき肉）……150g
酒……大さじ2
**A**｜みりん・砂糖・みそ……各大さじ2
　｜しょうゆ……大さじ1

**作り方**

1. フライパンを中火で熱し、ひき肉を入れ、色が変わるまで炒める。
2. 酒を加えてアルコールを飛ばすように炒め、**A**を加え、つやが出てくるまで炒める。

Hanaのワンポイント

甘めが好みなら、砂糖をプラスして。マヨネーズと和えて、野菜のディップにしても◎。

保存期間
冷蔵 3~4日 ｜ 冷凍 2週間

## 肉みそアレンジ

### きゅうりに添えて。

ピーマンでも
めっちゃおいしいよ！

### 豆腐にのせて。

あと一品ほしいときに
助かる！

### おにぎりの具に。

ごはんがモリモリ進む！
白いりごまで香ばしさをプラス

副菜の作りおき
BEST 16

ほっこりしたいときに作る
和食の定番

# 五目豆

一見地味な料理だけど、だしをたっぷりと吸ったお豆たちがとっても美味しい！落ち込んだときに食べると、どこかほっとするはず。

## 材料　作りやすい分量

大豆（水煮）……100g
にんじん……中1/4本
こんにゃく（アク抜き済みのもの）……1/2枚
干ししいたけ……2枚
昆布（10cm×4cm）……1枚

**A**
- 干ししいたけと昆布の戻し汁……200mℓ（足りなければ湯を足す）
- しょうゆ……大さじ2
- みりん……大さじ1
- 和風顆粒だし……小さじ2

ごま油……小さじ1

## 作り方

1. 干ししいたけと昆布は湯で戻し（戻し汁はとっておく）、1cm角に切る。
2. にんじん、こんにゃくは1cm角に切る。
3. フライパンにごま油を中火で熱し、**2**、水けをきった大豆、**1**を入れて2～3分炒め、**A**を加える。
4. ひと煮立ちしたら弱火にし、落とし蓋をして、汁けが少なくなるまで20分ほど煮る。

保存期間
冷蔵
**3～4日**

副菜の作りおき BEST 17

口の中で旨み広がる！

# なすの煮浸し

とろっとした食感と、
しょうがの香りが食欲をそそる一品。
相性抜群な大根おろしと青じそを
たっぷりのせれば、
メイン料理にしてモリモリ
食べたくなるよ！

**材料　作りやすい分量**

なす……2本

**A**
- 水……大さじ4
- めんつゆ（4倍濃縮）……大さじ1
- 砂糖・すりおろししょうが（チューブ）……各小さじ1
- 赤唐辛子（輪切り／あれば）……少々

ごま油……小さじ1

**作り方**

1. なすは縦半分に切り、皮に浅く格子状に切り込みを入れる。
2. フライパンにごま油を中火で熱し、**1**を皮を下にして並べ入れ、両面に焼き色がつくまで焼く。
3. 混ぜ合わせた**A**を加え、弱火にして15分ほど煮る。

保存期間
冷蔵
**2~3日**

歯応えのある副菜で
満足感アップ!

# きんぴらごぼう

食材は細く切り揃えることで、
見た目も綺麗に仕上がり、
味がまんべんなく染み込みます。
お弁当にも、夜ごはんにも合わせやすいから、
おすすめの作りおき!

## 材料　作りやすい分量

ごぼう……1/2本
にんじん……中1/3本
こんにゃく(アク抜き済みのもの)……1/3枚
酒……大さじ1
A しょうゆ・みりん……各大さじ1
　砂糖……小さじ1
　和風顆粒だし……小さじ1/2
白いりごま……適量
ごま油……小さじ1

## 作り方

1 ごぼうは細切りにし、水に2~3分ほどさらして水けをきる。にんじん、こんにゃくも細切りにする。
2 フライパンにごま油を中火で熱し、**1**を入れてさっと炒め、酒を加えてアルコールを飛ばすように炒める。
3 **A**を加えて3~4分炒め、白いりごまをふる。

保存期間
冷蔵
**3~4**日

副菜の作りおき BEST 19

# ピリッとした辛みでごはんが進む！
# キムチ

「大根や白菜が安いから買っちゃった！
でも、ひとり暮らしでは食べきれない…」
そんなときはキムチにしてみて！
日持ちもするし、
味わいの変化もあるから、
最後まで楽しめるよ！

Hanaのワンポイント

日が経つごとに美味しさが増してきます！ 豚キムチやスープに使うと旨みも出ておすすめ！

保存期間
冷蔵
7日

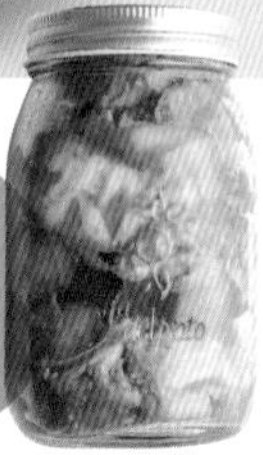

**材料　作りやすい分量**

白菜……2～3枚（200g）
にんじん……中1/4本
大根……1/4本（300g）
りんご……1/2個
昆布（3cm×3cm／あれば）……1枚

**A**
- 粉唐辛子……大さじ2
- 和風顆粒だし……大さじ1弱
- すりおろししょうが（チューブ）・すりおろしにんにく（チューブ）・ナンプラー・はちみつ……各小さじ2

**作り方**

1. 白菜は食べやすい大きさに切り、塩少々（分量外）をふって5分ほどおき、水けをしっかりと絞る。
2. にんじんはせん切りにし、大根は2cm厚さに切り、4cm長さに切る。りんごはすりおろし、昆布はキッチンバサミで1cm幅に切る。
3. ボウルに**A**を入れて混ぜ、ペースト状にし、**1**、**2**を加えて混ぜる。
4. 保存容器に入れて、冷蔵庫で1日おく。

副菜の作りおき BEST 20

お弁当おかずの新定番

# 簡単ボロネーゼ

野菜はなすやズッキーニ、セロリなど
冷蔵庫に余っているものでＯＫ！
みじん切りにして、
栄養たっぷりのパスタソースに。
カップに小分けして保存すれば、お弁当に便利！

保存期間
冷凍
**2**週間

**材料　作りやすい分量**

スパゲッティ(1.4㎜)……100g
鶏ひき肉……100g
にんじん……中1/8本
玉ねぎ……1/6個
**A** | トマトケチャップ・中濃ソース……各大さじ2
　| 顆粒ブイヨン……小さじ1
サラダ油……小さじ1
粉チーズ……適量

**作り方**

**1** 鍋にたっぷりの湯を沸かし、スパゲッティを袋の表示時間通りにゆでて、水けをきる。

**2** にんじん、玉ねぎはみじん切りにする。

**3** フライパンにサラダ油を中火で熱し、ひき肉、**2**を入れて炒める。ひき肉に火が通ったら**A**を加えてさらに炒める。

**4** **1**を加えて和えたら、お弁当用のカップにフォークでくるくると巻いて入れ、粉チーズをふる。

memo

Hanaのワンポイント

**冷凍したものをお弁当に詰めるときは電子レンジで解凍し、粗熱をとってから詰めてね。**

PART 2

# 実は簡単！ 作ってみたい 手作りパン BEST 5

難しそう…
と思っている人も多いはず。
でも、実はとっても簡単！
節約にも直結するから、
ぜひ挑戦してみて欲しい！
冷凍もできるから、まとめて作って
朝ごはんにも大活躍。
こねている時間は、
ストレス解消にもなるよ。

生地の作り方は全部同じ！

# 基本のパンの作り方

クッペ（P64）で
解説！

## STEP1
### 生地作り

**1**

ボウルに粉類、ぬるま湯を入れる。

**2**

ゴムベラで全体を混ぜ合わせる。

**3**

生地の表面がつるんとするまで力を入れて手でこねる。

Hanaのワンポイント

粉っぽさがなくなるまで、しっかりこねてね。

## STEP2

# 一次発酵

4

ラップをして、オーブンの発酵機能を使い、30℃で30分（パンによって異なる）ほど一次発酵させる。

5

生地の中央に粉をつけた指で穴をあけ、穴が残っている状態であれば発酵完了。

Hanaのワンポイント

穴が押し戻されてしまうときは発酵不足。5分ずつ追加で発酵してね。

## STEP3

# 分割

6

生地を取り出して台にのせ、生地全体に少量の強力粉（分量外）をふり、分割する。

7

めん棒で伸ばす。

Hanaのワンポイント

なるべく同じ大きさに伸ばすことで、焼くときのムラが減らせるよ。

## STEP4

## 成形

### 8

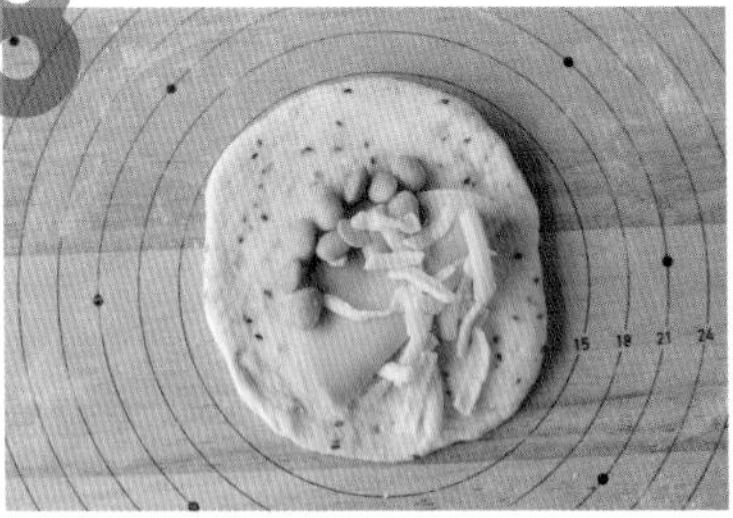

具材をのせる。

### 9

両端から包むように折り込んでいき、とじ目をしっかりと閉じる。

Hanaのワンポイント

焼いている途中に具が出てこないように、とじ目をしっかり閉じるのがコツ。

## STEP5

## 二次発酵

### 10

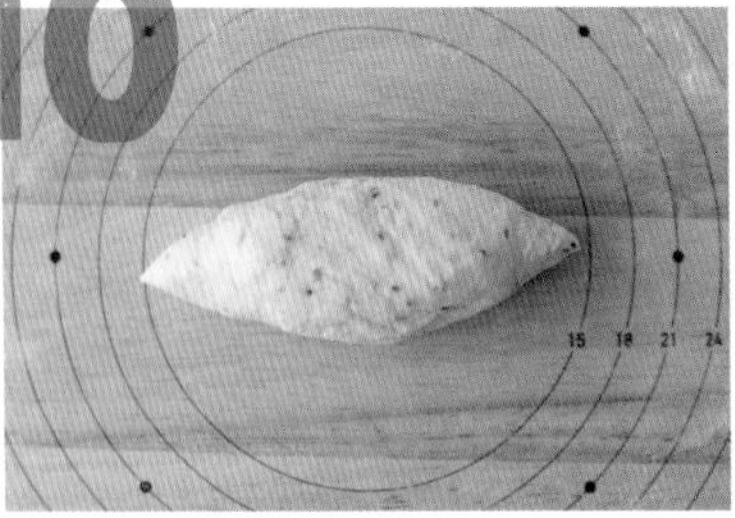

成形したらクッキングシートを敷いた天板に並べ、濡れふきんをかぶせ、オーブンの発酵機能を使い、30℃で30～40分（パンによって異なる）二次発酵させる。

### 11

中心に1本の切り込みを入れる。

STEP6

## 焼く

＼完成！／

12

180℃（パンによって異なる）に予熱したオーブンで、焼き色がつくまで15分ほど焼く。

Hanaのワンポイント

クッキングシートにくっついてしまうときは、繰り返し使えるベーキングシートがおすすめだよ。

＼フォロワーさんからの質問／

Q 焼いたパンはどうやって保存しているの？

A すぐに食べない場合は冷凍保存しているよ！ 粗熱がとれたら、1つずつラップで包み、冷凍用保存袋にまとめて入れて保存。食べる前の日に冷蔵庫に移して自然解凍させてから、朝オーブントースターで焼いて食べているよ。電子レンジで解凍すると、パンの水分が飛んでかたくなるから避けてね。

作ってみたいパン BEST 1

## 朝起きるのが楽しみになる！

# ベーグル

パン屋さんで買うのも良いけれど、
自分で好きなパンを作ってみるのはどう？
ベーグルは初心者さんでも
簡単に作ることができるから、
「パン作りに興味はあるけどやったことはない…」
っていう人にぴったりだよ！

**材料　4個分**

**A**
- 強力粉……250g
- 砂糖……10g
- 塩……4g
- ドライイースト……3g
- ぬるま湯（30～40℃）……160mℓ

水……1ℓ
砂糖（またははちみつ）……大さじ2

**作り方**

**1** ボウルに**A**を入れて混ぜ、生地の表面がつるんとするまで5～10分ほどこねて丸める。

**2** ラップをして、オーブンの発酵機能を使い、30℃で30分ほど一次発酵させる。

**3** 台に少量の強力粉（分量外）をふり、生地をのせ、4等分にする。それぞれを縦10cm、横15cmほどに伸ばし、下から巻いてとじ目をつまんで閉じる（**a**）。中央から外側に向けて伸ばし（**b**）、片方の端をめん棒で平たく伸ばす（**c**）。もう片方の端を包み込むようにしてリング状に成形する（**d**）。

**4** 天板にのせて生地に濡れふきんをかぶせ、オーブンの発酵機能を使い、30℃で30分ほど二次発酵させる。

**5** 鍋に分量の水、砂糖を入れて火にかけ、ふつふつと小さい気泡が出てきたら**4**を入れ、片面10秒ずつゆでて水けをきる。

注意：湯は絶対に沸騰させないこと。熱すぎる湯に入れるとしわの原因に。

**6** 天板にクッキングシートを敷き、**5**をのせ、200℃に予熱したオーブンで焼き色がつくまで15分ほど焼く。

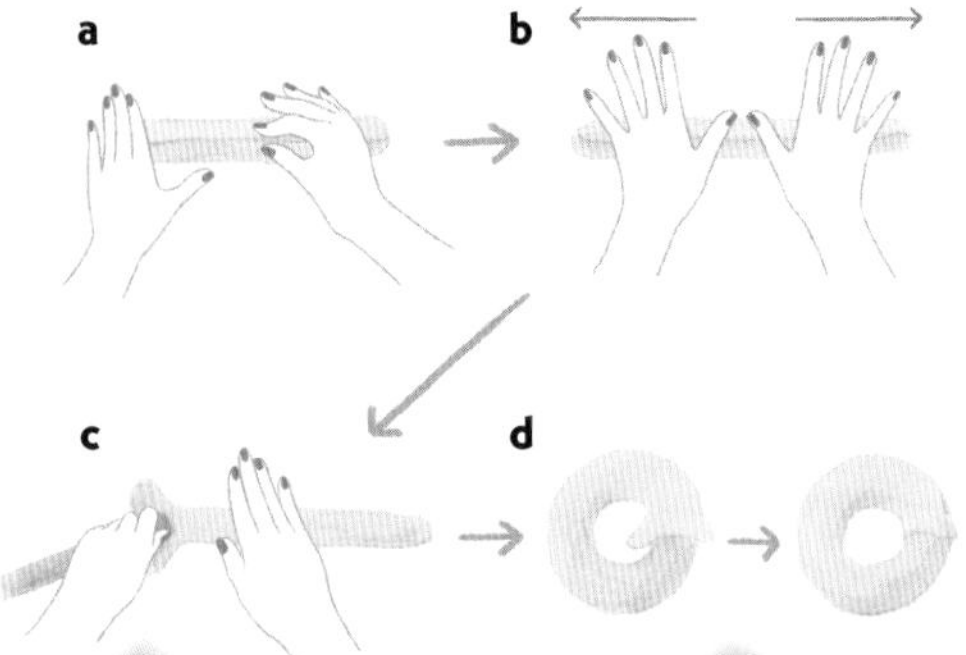

SONS LTD
Tiptree
CARAMEL SPREAD
ENGLAND
L'ECONOME

作ってみたいパン BEST 2

こねずに作れる本格的なパン

# チャバタ

チャバタはイタリア語で「スリッパ」という意味。四角い形が特徴で、表面はカリッとかため、中はモチモチとしていて絶品！ ほぼこねずに作れるから試してみて！ 冷蔵庫に入っている作りおきをいろいろ挟んでみてね。

**材料　4個分**

**A**
- 強力粉……220g
- 薄力粉……30g
- 砂糖……6g
- 塩……4g
- ドライイースト……2g
- オリーブオイル……小さじ2
- ぬるま湯（30～40℃）……200mℓ

ロースハム・キャロットラペ（P31）……各適宜

**作り方**

1. ボウルに**A**を入れ、ゴムベラで粉っぽさがなくなるまで5分ほど混ぜる。
2. ラップをして、オーブンの発酵機能を使い、30℃で30分ほど一次発酵させ、パンチ（内側に生地を数回折りたたむ）をする。これを3回繰り返す。
3. 保存容器に生地を入れて蓋をし、容器ごと保存袋に入れて空気を抜くようにして閉じる。冷蔵庫で10時間ほどおき、ゆっくりと二次発酵させる。
4. 台に少量の強力粉（分量外）をふり、生地をのせ、4等分して四角に成形し、10～15分おく。
5. 天板にクッキングシートを敷き、**4**をのせ、230℃に予熱したオーブンで、焼き色がつくまで20分ほど焼く。
6. 厚みを半分に切り、好みでハムやキャロットラペを挟んで食べる。

memo

作ってみたいパン BEST 3

## おうちでカフェ気分を楽しんで
# シナモンロール

甘いシナモンロールと、ちょっぴり苦めのコーヒー。
この2つがあるだけで、朝から良い気分になれるはず。
シナモンシュガーペーストの代わりに、
チョコレートペーストや、ハム&チーズを挟んでも◎。

**材料　1台（直径15cm）分**

**A**
- 強力粉……320g
- 砂糖……30g
- 塩……6g
- ドライイースト……6g
- ぬるま湯（30～40℃）……200mℓ

バター（室温に戻す）……30g

**B**
- 砂糖……30g
- シナモンパウダー……5g
- 無調整豆乳……小さじ1と1/2

溶き卵……適量

**作り方**

**1** ボウルに**A**を入れて混ぜ、まとまってきたらたたきながらこねる。生地がまとまってきたらバターを加え、10分ほどこねて丸める。

**2** ラップをして、オーブンの発酵機能を使い、30℃で30分ほど一次発酵させる。

**3** 台に少量の強力粉（分量外）をふり、生地をのせ、めん棒で縦30cm、横40cmほどに伸ばす。混ぜ合わせた**B**を表面に塗り、端からくるくると巻き（**a**）、8～10等分して型やカップに入れる（**b**）。

**4** 生地に濡れふきんをかぶせ、オーブンの発酵機能を使い、30℃で30～40分二次発酵させる。

**5** 表面に溶き卵を刷毛で塗り、200℃に予熱したオーブンで、焼き色がつくまで15分ほど焼く。

**a**

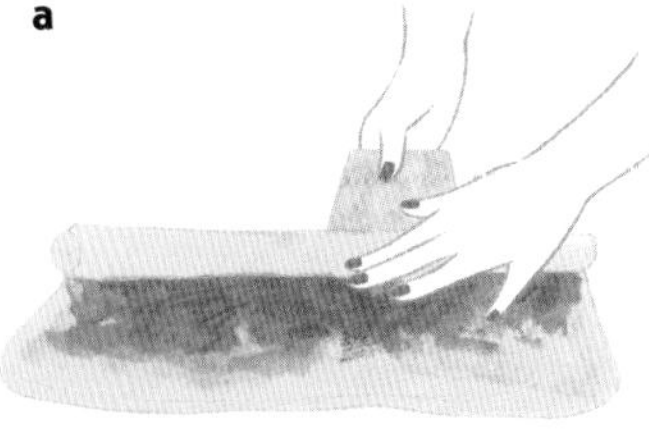

**b**

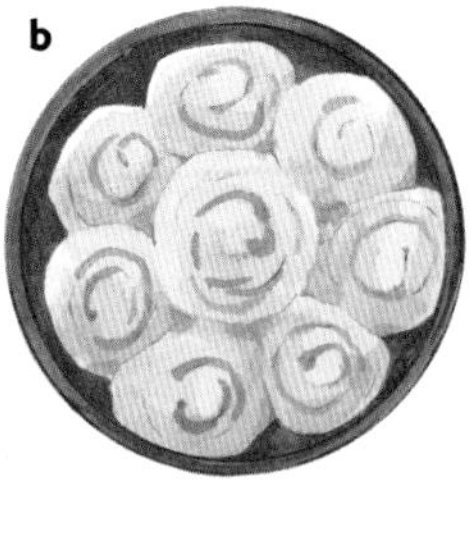

作ってみたいパン BEST 4

そのまま食べても、サンドイッチにしても◎

# フォカッチャ

本場イタリアでは、チーズとハムを挟んだものを食べたけど、スープにつけたり、オリーブオイルをつけたりしてシンプルに食べるのも好き。
成形するときに、薄く広げるとカリッとした仕上がりに、厚みを出すとふわふわな仕上がりになります。

**材料**　縦30cm×横40cm分

- A
  - 強力粉・薄力粉……各100g
  - 砂糖……10g
  - 塩……3g
  - ドライイースト……2g
  - ぬるま湯（30〜40℃）……160mℓ
- オリーブオイル……大さじ2
- 岩塩・ローズマリー……各適量

**作り方**

1 ボウルに**A**を入れて混ぜ、生地の表面がつるんとするまで5分ほどこねて丸める。

2 ラップをして、オーブンの発酵機能を使い、30℃で20分ほど一次発酵させ、パンチ（内側に生地を数回折りたたむ）をする。30℃でさらに30分ほど発酵させる。

3 天板にクッキングシートを敷き、**2**をのせ、手で押し広げて円状にする。

4 生地に濡れふきんをかぶせ、オーブンの発酵機能を使いしっかり膨らむまで、30℃で30分ほど二次発酵させる。

5 オリーブオイルをかけ、指で数か所くぼみを作る。岩塩をふり、ローズマリーをのせる。

6 200℃に予熱したオーブンで、焼き色がつくまで15分ほど焼く。

作ってみたいパン

BEST 5

作る工程が楽しいパンNo.1

# クッペ

コロンとしたかわいい形のクッペは、
時間がたっぷりとある日によく焼いているよ。
具材はツナマヨコーンや、トマトソース&ピザ用チーズの
組み合わせも美味しい。
好みの具材を見つけてみてね。

## 材料　4個分

**A**
- 強力粉……250g
- 砂糖……20g
- 塩・ドライイースト……各4g
- 黒いりごま……大さじ1
- ぬるま湯（30～40℃）……150mℓ

具材
- ピザ用チーズ……40g
- 枝豆（冷凍／さやから取り出す）……正味40g
- ロースハム……4枚

## 作り方

1 具材は常温に戻しておく。

2 ボウルに**A**を入れて混ぜ、生地の表面がつるんとするまで5～10分こねて丸める。

3 ラップをして、オーブンの発酵機能を使い、30℃で30分ほど一次発酵させる。

4 台に少量の強力粉（分量外）をふり、生地をのせ、4等分してめん棒で伸ばす。等分した具材をそれぞれにのせて包み、成形する（P54参照）。

5 天板にクッキングシートを敷いて**4**をのせ、生地に濡れふきんをかぶせる。オーブンの発酵機能を使い、約2倍の大きさになるまで30℃で30～40分二次発酵させる。
※発酵が遅い場合はフライパンに湯を沸かし、フライパンの上に天板を乗せ蒸気で発酵させるとgood!

6 中心に1本の切り込みを入れる。

7 180℃に予熱したオーブンで、焼き色がつくまで15分ほど焼く。

memo

COLUMN

# Hanaのいつもの朝ごはん

小さい頃からねぼすけだった私…。
でも、パンを焼くようになってから、
朝起きるのが楽しみになって、
本当に早く起きれるようになりました。
ベーグルにシナモンロール、クッペ、チャバタ、フォカッチャ…。
どれも美味しいけど、朝にはベーグルが1番お気に入り！
ジャムをのせてもよし、サンドイッチにしてもよし。
その日の気分で甘くしたり、おかずを挟んだり…。
味変して楽しんでいます。
あと、朝に欠かせないのが大好きな
コーヒーや濃いエスプレッソ。
朝起きたら必ず淹れて、
パンやグラノーラなどと一緒に楽しんでいます！

コーヒーをお気に入りのマキネッタで淹れるところから1日がスタート！

好みのジャムやスプレッドを塗って甘くするのがお気に入り。

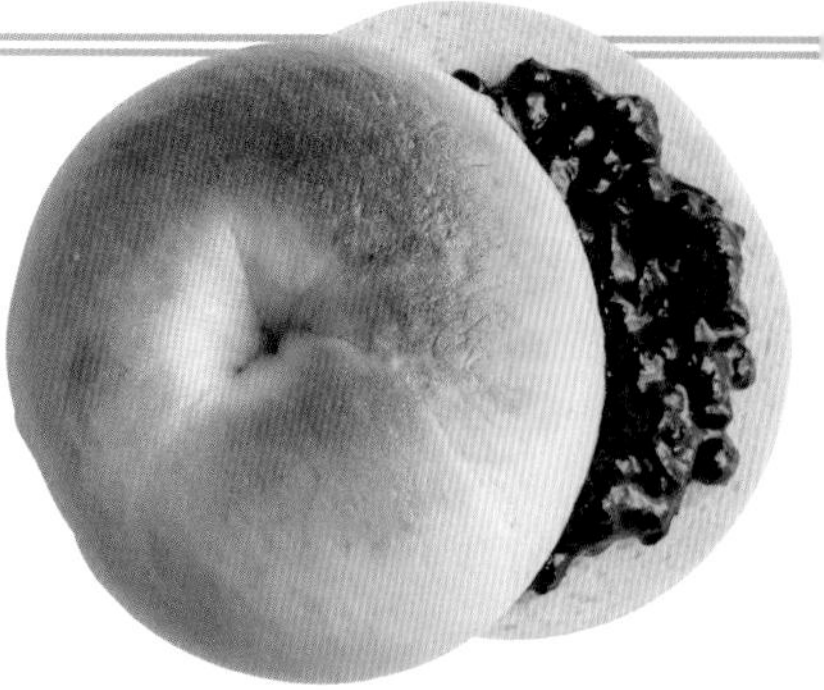

きゅうりのスライスやハムをはさんでサンドイッチに。

## パンをおいしく食べるために常備しているもの

常備しているのはジャムで、最近のお気に入りはピーナッツバター！ あとは、作りおきの副菜をいろいろ挟んでサンドイッチにするのを楽しんでいるよ。キャロットラペや根菜サラダを挟んでも美味しい！

作りおきのカポナータを挟んでも美味しい！

# Hanaのお弁当IDEA

仕事がある平日の月曜日から金曜日まで、
毎日作るお弁当。
とはいっても、朝は会社に行く準備をしないといけないし、
コーヒータイムも楽しみたいし…！
と、やることがたくさん！
朝から手の込んだものは作りたくない！
と、いうのが私のホンネ。
だから、メインおかずは前日の夜ごはんの残りを詰めることが多いし、
具が多めのオムライスやチャーハンにすることも。
あとは、週末に作った副菜の作りおきを詰めれば、
お弁当は完成！
栄養も大切だけど、睡眠も譲れないからパパッと作っています！

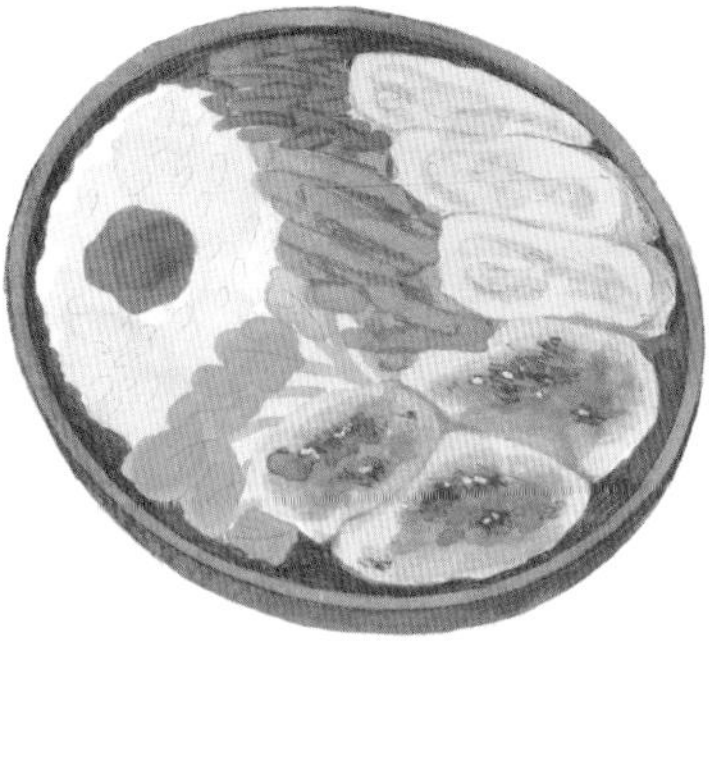

# IDEA 1

## 冷凍しておけるお弁当のおかずを作っておくと便利！

冷凍用の小分けトレーにカップを入れておかずを詰めて冷凍しておけば、レンチンしてお弁当箱に詰めるだけでとっても便利！アルミカップはレンチンできないから、お弁当用カップやシリコンカップを使ってね。

チャーハンは私のお弁当メニューの定番！お肉がなければ、かに風味かまぼこやソーセージを使ってもgood！

Hanaのワンポイント

キムチを入れたり、ハムの代わりに魚肉ソーセージを入れたり…アレンジは無限大！

## IDEA 2

**ルーローハンは、冷めてもおいしく食べれるから、お弁当に◎。たくさん作って冷凍保存しておくよ!**

ルーローハン
小松菜のナムル
ミニトマト
ちくわとこんにゃくの甘辛炒め

Hanaのワンポイント

冷凍したおかずを詰める場合は、自然解凍ではなく、必ずレンチンして、解凍してから詰めてね!

卵そぼろ
ほうれん草のナムル
鶏そぼろ
しゅうまい
ミニトマト

## IDEA 3

**子どもの頃から大好きなそぼろ弁当。卵そぼろもお肉のそぼろも電子レンジで作れるから、時間がない朝にぴったり!**

## IDEA 4

夜ごはんを少しだけ多めに作っておいて
お弁当用に取っておくだけで、
朝フライパンを出す手間が省けるから
楽チンだよ!

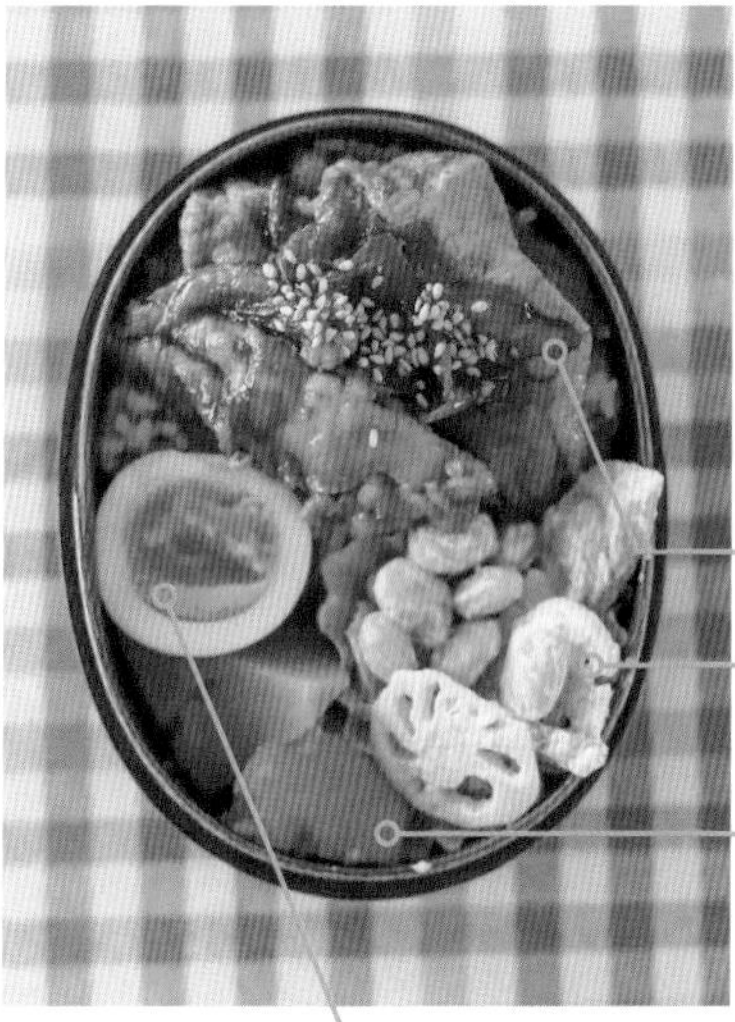
豚のしょうが焼き
根菜サラダ
かぼちゃサラダ
ゆで卵

Hanaのワンポイント

お弁当は緑、黄色、赤のおかずを入れてあげると見た目がグッと良くなるよ！

## IDEA 5

オムライスは
卵を好きなクッキー型で抜いて、
そこにケチャップを入れると
蓋につかないからgood!

オムライス
キャロットラペ
ミックスビーンズ
レタス
さつまいものチーズサラダ

COLUMN

# 仕事とモチベーションのこと

フォロワーさん
からの質問

**Q**

仕事に対してモチベーションが湧きません…。
Hanaさんは、仕事にYouTubeに、
どのようにしてモチベーションを
保っているのですか？

**A**

モチベーションって難しいよね。私が最近よく思うのは、モチベーション頼りだと、その日の気分によってやる気が出たり、出なかったり、ムラができてしまうなぁということ。でも、仕事は自分の目の前に毎朝やってくる（あわわ）。だったら、何をするにしても「よーし、私ができるベストを尽くしてやるぅ！」という気持ちで自分で楽しむことを選択して、ひとつひとつのタスクをやり遂げた方が良い。それを繰り返していると、いつかどこかのタイミングで「ただのタスク」に自分なりの「こだわり」や「やり方」が生まれて、「熱中できること」や「大切なこと」になっていくと思うよ。心を込めて一生懸命やるからこそ、そう感じることができるようになるんだと思う。そして業務の中で「得意」が増えていくと、どんどん仕事は楽しくなるはず！ でも、ほとんどの人は、得意になる前に不得意だった時期があると思うから、急がず焦らず一歩ずつね。

# やりたいことってどうやって見つけるの？

フォロワーさんからの質問

Q

大学生です。
就活中なのですが、やりたいことがわかりません。
給料、福利厚生、世間体…
何を大切にすべきなのでしょうか？
Hanaさんはどうやって
やりたいことを見つけましたか？

A

大学生だなんて、素敵！ やりたいことがわからないとしたら「大切にしたいこと」を考えてみるのはどう？ どんな小さなことでもいいから、自分の心の中にある「これが好き！」「これは大切だよね」と思えることをとにかく、紙に書いてみるの。きれいな文章でなくていいし、単語で「猫、家族との時間、読書する時間、平等な関係性」みたいに書いても良い。そうやって自分の大切なものをかき集めて、「じゃあ、この大切なもので人を幸せにできる仕事って？」って考えてみたり、逆に自分の大切にしたいことを大切にしている会社を探してみたり。そうやって、嘘偽りない自分の心が大切にしていることにリンクしていることが「やりたいこと」に繋がると思う。漠然と「あなたのやりたいことって何ですか？」って聞かれると、どうしても「社会にとってプラスになることじゃなきゃ！」とか「社会的に評価されることじゃなきゃ！」って思ってしまいがちだけど、何をするにしても自分の心が熱く動くことじゃないと一生懸命頑張れないんじゃないかな。自分で自分をしっかり評価してあげればそれでOK! と、私は考えているよ。でも、自分を評価できるようになるには、自分自身が一番目の前のことに熱くなれなきゃね。一生懸命、もがいてみて！

PART 3

# メインだけ作る夜ごはん30

今日も1日頑張って、
仕事や学校から帰ってきたら、
おなかはもうペコペコ。
メインおかずは、
パパッと作れるもので。
あとは彩りと栄養を
ととのえてくれる副菜を
豆皿にのせて並べると、
見た目も大満足の夜ごはんに。

＼安くてヘルシー／

# 鶏むね肉のおかず

健康的な体を作ることは、
ひとり暮らしをするうえで、
一番大切なこと。
鶏むね肉はリーズナブルだけど、
たんぱく質も豊富だから、
いろんな料理で活用してみてね。

甘辛味でごはんがモリモリ進む！

## ヤンニョムチキン

おなかペコペコで帰ってきた日、とにかくガッツリ食べたい日は、韓国風の味つけで、ごはんが進むヤンニョムチキンに決まり！
チーズの代わりに白いりごまや、砕いたミックスナッツをかけても美味しい！

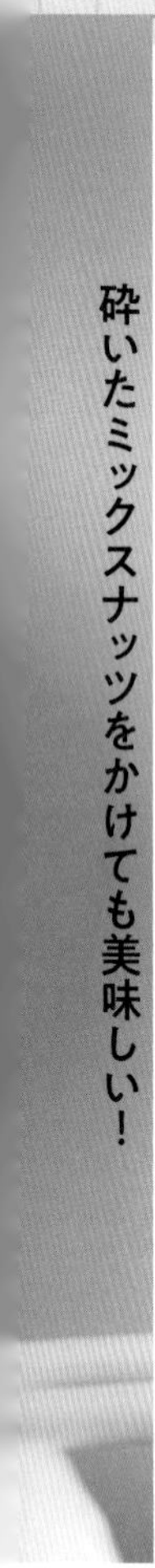

**材料　1人分**

鶏むね肉……200g
塩・こしょう・片栗粉……各適量
ピザ用チーズ……適量
A　酒・コチュジャン・トマトケチャップ……各大さじ1
　砂糖・しょうゆ・みりん・すりおろしにんにく（チューブ）……各小さじ1
ごま油……小さじ1

**作り方**

1. 鶏肉は皮を取り除き、食べやすい大きさに切り、塩、こしょうをふり、片栗粉をまんべんなくまぶす。
2. フライパンにごま油を中火で熱し、1を入れて焼く。両面を5分ずつ焼き、火が通ったら弱火にし、Aを加えて全体にとろみがつくまで炒め、火を止める。ピザ用チーズをかけ、蓋をして余熱で溶かす。

Hanaのワンポイント

味が濃いおかずは冷えても美味しいから、お弁当にピッタリ！玉ねぎやキャベツを入れてボリュームアップさせることもあるよ！

memo

お弁当にも、夜ごはんにも◎

# 甘辛照り焼き

「今日何作ろう…？」と悩んだときはこれ！
タレを作るときは弱火でじっくりがポイント。

**材料　1人分**

鶏むね肉……200g
塩・こしょう……各少々
片栗粉……大さじ1
酒・みりん・しょうゆ
……各大さじ1
砂糖……小さじ1
白いりごま……大さじ1
ごま油……小さじ1
豆苗……適量

**作り方**

1　鶏肉は皮を取り除き、1cm幅に切る。塩、こしょうをふり、片栗粉を全体にまぶす。

2　フライパンにごま油を弱めの中火で熱し、**1**を入れて焼く。両面を5分ずつ焼き、こんがりするまで焼く。

3　弱火にして、酒、みりん、しょうゆ、砂糖の順で加えてからめ、白いりごまをふる。

4　器に盛り、豆苗を添える。

ふわふわ卵がピリ辛チキンと合う!

# ふわたまチリチキン

肉を焼いている間に、卵はレンチンで!
辛いのが苦手な場合は、豆板醤を抜いてケチャップを多めに。

**材料　1人分**

鶏むね肉……200g
塩・こしょう……各少々
片栗粉……小さじ2
卵……2個
**A**　トマトケチャップ……大さじ1
　　豆板醤……小さじ1/2
ごま油……小さじ1

**作り方**

1. 鶏肉は皮を取り除き、食べやすい大きさに切る。塩、こしょうをふり、片栗粉を全体にまぶす。
2. 耐熱容器に卵を割り入れて溶き、ふんわりとラップをして電子レンジで4分加熱し、大きくほぐす。
3. フライパンにごま油を弱めの中火で熱し、**1**を入れて焼く。両面を5分ずつ焼き、こんがりするまで焼く。
4. 弱火にして、**A**を加えてからめ、**2**を加えて炒め合わせる。

ボリューム感が最高！

# チキン南蛮

動画でも大人気の一品！
タルタルソースは、食感のある漬け物を
アクセントに入れて楽しんでね。

**材料　1人分**

鶏むね肉……200g

塩・こしょう……各少々

片栗粉……適量

漬け物（P39白菜の浅漬けや市販の柴漬けなど）……少々

卵……1個

**A**
- マヨネーズ……大さじ2
- ポン酢しょうゆ……小さじ1/2

**B**
- 酢……大さじ3
- しょうゆ……大さじ2
- 砂糖……大さじ1
- すりおろしにんにく（チューブ）……少々

ごま油……小さじ1

豆苗・ミニトマト……各適量

**作り方**

1. 鶏肉は皮を取り除き、薄切りにし、塩、こしょうをふり、片栗粉をまんべんなくまぶす。
2. 漬け物は汁けをきって細かく刻む。
3. 耐熱容器に卵を割り入れ、黄身に竹串などで5か所ほど穴をあけ、ふんわりとラップをして電子レンジで3〜4分加熱する。フォークでつぶし、**A**、**2**を加えて混ぜる。
4. フライパンにごま油を中火で熱し、**1**を入れて焼く。両面を5分ずつ焼き、火を通す。
5. **B**を加え、少しとろみがつくまで炒める。
6. 器に**5**を盛り、**3**をかけ、豆苗、ミニトマトを添える。

子どもから大人まで楽しめる！

# ハニーマスタードチキン

ピクニックやお弁当にもぴったりなおかず。
みんな大好きな味つけで、食べ応えもたっぷり。

**材料　1人分**

鶏むね肉……200g
塩・こしょう……各少々
片栗粉……大さじ1
A｜粒マスタード……大さじ1
　｜しょうゆ……小さじ2
　｜はちみつ……小さじ1
オリーブオイル……大さじ1

**作り方**

1　鶏肉は皮を取り除き、食べやすい大きさに切り、塩、こしょうをふり、片栗粉をまんべんなくまぶす。
2　フライパンにオリーブオイルを中火で熱し、**1**を入れて焼く。両面を5分ずつ焼き、火を通す。
3　**A**を加えて炒め合わせる。

Hanaのワンポイント

**乱切りにして素揚げしたじゃがいも1個と一緒に炒めるのもおすすめだよ。**

鶏むね肉が驚くほど柔らかくなる！

# サラダチキン

ほったらかしでできるから、
ほかの家事をしている間に仕込んでも◎。
そのままでも、パンに挟んでサンドイッチにしてもＯＫ！

## 材料　1人分

鶏むね肉
……1枚（250g）

A
- レモン汁……大さじ1
- すりおろしにんにく（チューブ）……小さじ1
- 塩……ひとつまみ
- 粗びき黒こしょう……適量

レタス・ミニトマト
……各適量

## 作り方

1　鶏肉は皮を取り除き、30分ほど常温におく。

2　耐熱の保存袋に**1**、**A**を入れて揉み込み、袋の空気を抜いて口を閉じる。

3　大きめの鍋にたっぷりの湯を沸かし、火を止めて**2**を袋ごと入れ、蓋をする。そのまま70分ほどおく。

4　食べやすい大きさに切って器に盛り、レタス、ミニトマトを添える。

Hanaのワンポイント

**鶏肉は冷蔵庫から出してすぐ調理すると、中まで火が通りにくくなるから、必ず30分前には冷蔵庫から出してね。**

## このタレはやみつきになること間違いなし！

# 棒棒鶏

暑い日に食べたい、さっぱりとした棒棒鶏！
たっぷりのごまが入ったタレが絶品だよ。

**材料　1人分**

鶏むね肉
……1枚（250g）

きゅうり……1/2本

酒……大さじ2

**A**
- 白すりごま……大さじ2
- しょうゆ・酢……各大さじ1
- 砂糖・すりおろししょうが（チューブ）……各小さじ1

**作り方**

**1**　鶏肉は皮を取り除き、厚みを半分に切る。

**2**　きゅうりは細切りにする。

**3**　ボウルに**A**を入れて混ぜ合わせる。

**4**　鍋にたっぷりの湯を沸かし、**1**、酒を入れて蓋を半分ほどして、鶏肉に火が通るまで弱火で30分ほどゆで、食べやすい大きさに裂く。

**5**　器に**2**を盛り、**4**をのせ、**3**をかける。

\アレンジ自由自在/

# ひき肉のおかず

ひき肉は料理の幅を
広げてくれる救世主！
豆腐と炒めて麻婆豆腐にしたり、
丸めてつくねやミートボールにしたり…。
調理も楽で、レパートリーを
増やしやすいのが嬉しい！

卵黄と甘辛ダレが合う！

## 月見つくね

夜ごはんで作るときは、次の日のお弁当分も
まとめて作るのが、時間を上手に使うコツ！
レシピでは5等分にして、
かわいい盛りつけを紹介しているけど、
好みの等分にして、
夜ごはん分とお弁当分に分けてもいいし、
1.5倍、2倍量作るのもおすすめ。
冷凍するときは、ひとつずつラップに包んでね。

**材料　1人分**

鶏ひき肉……150g
玉ねぎ……1/6個
パン粉・マヨネーズ
……各大さじ1
**A**
酒・しょうゆ・みりん
……各大さじ1
砂糖……小さじ1
サラダ油……小さじ1
卵黄……1個分

**作り方**

1. 玉ねぎはみじん切りにする。
2. ボウルに**1**、ひき肉、パン粉、マヨネーズを入れて混ぜ合わせ、しっかりとこねる。5等分して円形に成形する。
3. フライパンにサラダ油を弱めの中火で熱し、**2**を入れ、蓋をして焼く。両面を5分ずつ焼き、火を通す。
4. **A**を加え、少しとろみがついたら火を止める。
5. 器に**4**を円形に並べ、中央に卵黄を落とす。

保存期間
冷凍
**2**週間

Hanaのワンポイント

**お弁当用のおかずとして作るときは、お弁当用カップに入れて冷凍保存！お弁当に詰めるときは、電子レンジで1分加熱して、解凍してから入れてね！**

memo

パスタソースにも使える！

# ミートボール

出来立てにチーズをたっぷりかけても美味しい！
2日目は崩してカレーの具にしても◎。

**材料　6個分**

鶏ひき肉……200g
玉ねぎ……1/2個
にんじん……中1/4本

**A**
マヨネーズ・パン粉……各大さじ1
塩・こしょう……各少々

**B**
トマト水煮缶（カット）……1/2缶（200g）
トマトケチャップ……大さじ2
しょうゆ・顆粒ブイヨン・すりおろしにんにく（チューブ）……各小さじ1

オリーブオイル……小さじ1
パセリ（みじん切り）……適量

**作り方**

1. 玉ねぎ、にんじんはみじん切りにする。
2. ボウルにひき肉、半量の玉ねぎ、**A**を入れて混ぜ合わせ、6等分して球形に成形する。
3. 耐熱容器に残りの玉ねぎ、にんじん、**B**を入れ、ラップをして電子レンジで8分加熱する。
4. フライパンにオリーブオイルを中火で熱し、**2**を入れ、蓋をして焼く。ときどき転がしながら10分ほど焼き、火を通す。**3**を加えて煮からめる。
5. 器に盛り、パセリをふる。

本格中華の味をおうちで！

# 麻婆豆腐

肉＋豆腐でボリュームを出して節約に。
木綿豆腐を使うと崩れにくいよ。

## 材料　1人分

豚ひき肉……100g
木綿豆腐……1丁（300g）
長ねぎ……10cm
すりおろしにんにく（チューブ）……小さじ1
**A**
- しょうゆ・豆板醤・甜麺醤……各大さじ1
- 鶏がらスープの素・オイスターソース……各小さじ1

水……150mℓ
水溶き片栗粉……片栗粉大さじ1＋水大さじ3
ごま油……大さじ1
小ねぎ（小口切り）……適量

## 作り方

1. 豆腐は食べやすい大きさに切り、長ねぎはみじん切りにする。
2. フライパンにごま油を中火で熱し、長ねぎ、にんにく、ひき肉を入れて炒め、ひき肉の色が変わってきたら**A**を加えて炒める。
3. 分量の水、豆腐を加えて5分ほど煮込み、水溶き片栗粉を加えてとろみをつける。
4. 器に盛り、小ねぎを散らす。

Hanaのワンポイント

最後に花椒小さじ1をかけるとより本格的な味わいに！

はんぺん入りだからふわふわ食感に！

# まんまる焼売

細切りにした皮を表面につけるだけだから簡単！
蒸すときは、弱火でじっくり中まで火を通すのがコツ。

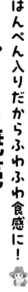

**材料　8個分**

焼売の皮……15枚
鶏ひき肉……200g
玉ねぎ……1/4個
はんぺん……1枚

A
- 片栗粉……小さじ2
- しょうゆ・すりおろししょうが（チューブ）・すりおろしにんにく（チューブ）……各小さじ1
- 塩・こしょう……少々

ポン酢しょうゆ（または酢じょうゆ）・からし……各適宜

**作り方**

1. 玉ねぎはみじん切りにし、はんぺんは手で小さくちぎる。
2. 焼売の皮はせん切りにする。
3. ボウルにひき肉、**1**、**A**を入れてよく混ぜ、8等分して球形に成形する。
4. バットに**2**を広げて**3**を転がし、軽く手で握って皮を肉だねの表面にしっかりつける。
5. フライパンにクッキングシートを敷き、**4**を並べる。クッキングシートの下に水100mℓ（分量外）をそっと流し入れ、蓋をして中火で10分ほど蒸す。好みでポン酢しょうゆ、からしをつけていただく。

野菜たっぷりでボリューミー！

# 春巻き

白菜と春雨で具材をカサ増し！

春雨は野菜から出た水分で戻すことで旨みを吸収するよ！

**材料　10本分**

春巻きの皮……10枚

鶏ひき肉……100g

干ししいたけ……2枚

にんじん……中1/4本

白菜……2枚

春雨……20g

**A**
- 干ししいたけの戻し汁……大さじ3
- 酒……大さじ1
- 砂糖・しょうゆ・オイスターソース……各小さじ1

水溶き片栗粉……片栗粉小さじ2+水小さじ2

ごま油……大さじ1

揚げ油……大さじ5

からし……適宜

**作り方**

**1**　干ししいたけは湯で戻し（戻し汁はとっておく）、細切りにする。にんじん、白菜も細切りにする。

**2**　フライパンにごま油を中火で熱し、ひき肉、**1**を入れて炒める。ひき肉の色が変わったら、**A**、春雨の順に加え、水分を春雨に吸わせるように炒める。水溶き片栗粉を加えてとろみをつけ、粗熱をとる。

**3**　春巻きの皮1枚に10等分した**2**をおいてひと巻きし、左右を折りたたんで巻き、水溶き片栗粉（分量外）でとめる。これを10本作る。

**4**　フライパンに揚げ油を160℃に熱し、**3**を入れ、上下を返しながら4~5分ほど揚げる。好みでからしをつけていただく。

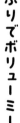

レンチンだけで作れる！

# そぼろ丼

どこか懐かしいそぼろ丼で、
しっかりエネルギーをチャージ。
卵は都度しっかり混ぜることで、ふわふわに。

## 材料　1人分

**A**
- 鶏ひき肉……50g
- 水……大さじ1
- 砂糖・めんつゆ（4倍濃縮）・すりおろししょうが（チューブ）……各小さじ1

**B**
- 溶き卵……1個分
- 水……大さじ1
- 砂糖・めんつゆ（4倍濃縮）……各小さじ1

ほうれん草……2株
温かいごはん……適量

## 作り方

**1** 耐熱容器に**A**を入れ、ラップをして電子レンジで1分30秒加熱する。

**2** 別の耐熱容器に**B**を入れ、ラップをして電子レンジで30秒加熱し、箸でよく混ぜる。これをさらに2回繰り返す。

**3** 鍋に湯を沸かし、ほうれん草を2分ほどゆでる。水けをしっかりと絞り、4〜5cm長さに切る。

**4** 器にごはんを盛り、**1**、**2**、**3**をのせる。

異国の香り広がる!

# ガパオライス

アジアンな雰囲気を楽しめるガパオライスは
簡単&栄養満点!

**材料　1人分**

鶏ひき肉……100g

玉ねぎ……1/4個

パプリカ(黄)……1/4個

**A**
- オイスターソース……大さじ1
- ナンプラー・すりおろしにんにく(チューブ)……各小さじ1
- 砂糖……小さじ1/2

卵……1個

温かいごはん……適量

サラダ油……小さじ2

ごま油……小さじ1

バジル(またはパクチー)……適宜

**作り方**

**1** 玉ねぎはみじん切りにし、パプリカは1cm角に切る。

**2** フライパンにサラダ油を中火で熱し、卵を割り入れて目玉焼きにし、一度取り出す。

**3** **2**のフライパンをさっと拭いてごま油を中火で熱し、ひき肉、**1**を入れて炒め、ひき肉の色が変わったら**A**を加えて炒め合わせる。

**4** 器にごはんを盛り、**3**、**2**を順にのせ、好みでバジルをのせる。

＼ ガッツリ食べたい！ ／

# 豚肉のおかず

鶏肉の次にお手頃なのが豚肉。
鶏肉よりも脂が多いけど、
それが豚肉の旨み！
こってりな味つけにしたり、
さっぱりな料理にしたり、
その日の気分でレシピを選んでね。

ガッツリ食べたい！を叶える一品

## トンテキ

ごはんによく合う特製ソースをたっぷりかけて、
今日も１日頑張った自分へのご褒美ごはん！
特製ソースのポイントはジャムを入れること。
りんごジャムのほかにマーマレードも◎。

### 材料　1人分

豚ロース厚切り肉……1枚
塩・こしょう……各少々
片栗粉……適量
A
- 酒・みりん・トマトケチャップ・中濃ソース・りんごジャム……各大さじ1
- オイスターソース……小さじ1

サラダ油……小さじ1
レタス・ミニトマト……各適量

### 作り方

1 豚肉は赤身と脂身の境目に数か所切り込みを入れ、塩、こしょうをふり、片栗粉をまんべんなくまぶす。
2 フライパンにサラダ油を弱めの中火で熱し、**1**を入れ、両面を5分ずつ焼き、火を通す。
3 混ぜ合わせた**A**を加え、照りが出るまで煮詰める。
4 食べやすい大きさに切って器に盛り、レタス、ミニトマトを添える。

Hanaのワンポイント

ゴロゴロ切られたりんごが入ったジャムを使うのが私のおすすめポイント！りんごの食感がアクセントになって本当に美味しいの！りんごジャムの代わりにマーマレードでも美味しく作れるよ。

memo

おうちで簡単に台湾の味を！

# ルーローハン

台湾での味が忘れられなくて、何度も再現に挑戦したレシピ。フライドオニオンを入れると、深みのある味わいになるよ。

**材料　1人分**

豚ロース厚切り肉……200g
干ししいたけ……2枚
こんにゃく（アク抜き済みのもの）……1/4枚

**A**
干ししいたけの戻し汁……100mℓ
砂糖・酒・しょうゆ・フライドオニオン……各大さじ2
オイスターソース……大さじ1
八角……1個
五香粉（あれば）……少々

ごま油……小さじ1
ゆで卵……1個
温かいごはん……適量
パクチー……適宜

**作り方**

**1** 豚肉は拍子木切りにする。

**2** 干ししいたけは湯で戻し、1cm角に切る（戻し汁はとっておく）。こんにゃくも1cm角に切る。

**3** 鍋にごま油を中火で熱し、**1**、**2** を入れ、豚肉に火が通るまで炒める。

**4** **A**、ゆで卵を加えて弱火にし、蓋をして20分ほど煮込む。

**5** 器にごはんを盛り、**4** をのせ、好みでパクチーをのせる。

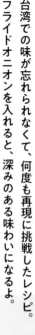

おうちごはんの定番でほっこり気分

# 肉じゃが

野菜はなるべく同じ大きさに切り揃えると、
火の通りが均一になるよ。
コトコト煮込んで良い香りがしてきたら出来上がりの合図。

## 材料　1人分

豚バラ薄切り肉……100g
じゃがいも……2個（200g）
にんじん……中1/2本
玉ねぎ……1/2個
**A**
- 水……200mℓ
- しょうゆ・みりん……各大さじ3
- 砂糖……大さじ2
- 和風顆粒だし……小さじ1

サラダ油……小さじ1

## 作り方

**1** 豚肉、じゃがいも、にんじんは食べやすい大きさに切る。玉ねぎはくし形切りにする。

**2** フライパンにサラダ油を中火で熱し、豚肉を入れて色が変わるまで焼き、じゃがいも、にんじん、玉ねぎ、**A**を加える。

**3** 煮立ったら弱火にし、落とし蓋をして野菜が柔らかくなるまで20分ほど煮込む。

Hanaのワンポイント

煮物は冷ますことで味がしっかり染み込むので、火を止めてから一度冷ますのがおすすめ。食べるときにまた温めてね。

さっぱりした味をガッツリ食べたいときに！

# アジアン冷しゃぶ

冷しゃぶにポン酢しょうゆもいいけれど、
たまには違う味にチャレンジ！
青じそを加えると、さっぱり感がアップ！

**材料　1人分**

豚バラ薄切り肉……200g
なす……1本
ミニトマト……2個
**A**
酢……大さじ2
しょうゆ……大さじ1
砂糖・すりおろししょうが（チューブ）……各小さじ1

**作り方**

1. なすはピーラーで縦に薄切りにし、水に5分ほどさらして水けをきる。ミニトマトは4等分に切る。
2. 鍋にたっぷりの湯を沸かし、豚肉を火が通るまで5分ほどゆで、冷水にとって冷まし、水けをきる。
3. ボウルに**1**、**2**、**A**を入れて和える。

Hanaのワンポイント

パクチーやバジルを添えても美味しいよ！

少ない材料でパパッと作れる！

# 豚のしょうが焼き

お肉と玉ねぎしかない！なんてときに頼れる一品。私はしょうがたっぷりが好みだけど、分量の半分でもＯＫだよ！

**材料　1人分**

豚ロース薄切り肉
……200g

玉ねぎ……1/4個

**A**
- しょうゆ……大さじ2
- 砂糖・酒・すりおろししょうが（チューブ）……各大さじ1

サラダ油……小さじ1

**作り方**

1　玉ねぎはくし形切りにする。

2　フライパンにサラダ油を中火で熱し、豚肉、**1**を入れ、豚肉の色が変わるまで炒める。

3　混ぜ合わせた**A**を加えてからめる。

Hanaのワンポイント

せん切りキャベツを添えれば、さらにボリューム感アップ！

酸味がきいているから、疲れた体にぴったり！

# 酢豚風炒め

豚肉を丸めると、食べ応えアップするよ！
時間がないときは、そのままでもＯＫ！

**材料　1人分**

豚ロース薄切り肉……200g
片栗粉……大さじ1
玉ねぎ……1/4個
にんじん……中1/4本
ピーマン……1個
**A**　酢・トマトケチャップ……各大さじ2
　　砂糖・しょうゆ……各大さじ1
　　鶏がらスープの素……小さじ1
サラダ油……小さじ1

**作り方**

**1**　豚肉は一口大に丸め、表面に片栗粉をまんべんなくまぶす。

**2**　玉ねぎはくし形切りにし、にんじん、ピーマンは食べやすい大きさに切る。にんじんはラップに包み、電子レンジで2〜3分加熱する。

**3**　フライパンにサラダ油を中火で熱し、**1**を入れ、色が変わるまで焼く。**2**を加え、火が通るまで炒める。

**4**　**A**を加えて照りが出るまで炒める。

危なすぎる、このウマさ！

# ガリマヨペッパー炒め

たくさん働いた日やヘトヘトになって
帰ってきた日に食べたい夜ごはん第1位！
マヨネーズ×粗びき黒こしょうが、ごはんとの相性抜群！

## 材料　1人分

豚バラ薄切り肉（豚肉ならなんでもOK）……200g
じゃがいも……1個（100g）
塩・こしょう……各少々
**A**
- しょうゆ……大さじ2
- 酒・みりん・マヨネーズ……各大さじ1
- すりおろしにんにく（チューブ）……小さじ1

粗びき黒こしょう……適量
サラダ油……小さじ1

## 作り方

**1** 豚肉、じゃがいもは食べやすい大きさに切る。

**2** 耐熱容器にじゃがいもを入れ、ラップをして電子レンジで4〜5分加熱する。

**3** フライパンにサラダ油を中火で熱し、豚肉、**2**を入れて炒め、塩、こしょうをふり、豚肉の色が変わるまで炒める 。

**4** **A**を加えて炒め合わせ、粗びき黒こしょうをふる。

## 具沢山スープ
と
## ごはんがあれば

「ごはんを作る気力がない…」
そんなときは、
具沢山のスープがおすすめ。
冷蔵庫にあるもので、味つけを変えれば
いろんなレシピが作れちゃうよ。
今日はどのスープを作ってみる？

豆も野菜もたっぷり！

# チリコンカン

食べるスープといえばコレ！
ひき肉と豆、野菜がたっぷりで
たんぱく質がしっかりとれる
栄養満点スープだから、
パンと合わせれば立派な夜ごはんになるよ。

**材料　3人分**

合いびき肉……200g
玉ねぎ……1/2個
にんじん……中1/3本
ミックスビーンズ（水煮）……1缶（120g）
トマト水煮缶（カット）……1缶（400g）
水……450mℓ
**A**　トマトケチャップ……大さじ5
　酒・しょうゆ……各大さじ2
　すりおろしにんにく（チューブ）……小さじ1
オリーブオイル……小さじ2
クッペ（P64）など好みのパン……適量

**作り方**

**1**　玉ねぎ、にんじんは1cm角に切る。

**2**　鍋にオリーブオイルを中火で熱し、**1**、ひき肉を入れ、ひき肉の色が変わるまで炒める。

**3**　水けをきったミックスビーンズ、トマト水煮缶、分量の水、**A**を加えてさっと煮る。

**4**　ひと煮立ちしたら弱火にし、蓋をして20分ほど煮込む。器に盛り、好みのパンを添える。

memo

Hanaのワンポイント

一晩おくと、野菜の旨みが溶け出してさらに美味しくなるよ。食べるときには必ずしっかりと温めてね。カレールウを加えればキーマカレーに！

# 体の芯から温まる！
# チゲスープ

寒い日にはもちろん、
暑い日に汗をかきながら食べるのも好き！

**材料　2人分**

木綿豆腐……1/2丁（150g）

豚こま切れ肉……100g

わかめ（乾燥）……3g

白菜キムチ（またはP47キムチ）……20g

好みの野菜（もやし・にら・白菜など）……各適量

水……300mℓ

**A**
- みそ……小さじ2
- しょうゆ・鶏がらスープの素・コチュジャン・ごま油・すりおろしにんにく（チューブ）……各大さじ1

**作り方**

**1**　豆腐は3cm角に切る。豚肉、野菜は食べやすい大きさに切る。

**2**　鍋に分量の水を入れて中火にかけ、沸騰したら**1**、わかめ、キムチ、**A**を入れ、豚肉に火が通るまで煮込む。

Hanaのワンポイント

ラーメンやごはんを入れても最高に美味しい！

まろやかな味わいに心もほっこり

# 豆乳担々スープ

「最近食べすぎてるな…」と思ったとき、リセットで食べるのがこのスープ。しらたきを入れると、満足感がアップするよ。

**材料　3人分**

鶏ひき肉……100g

木綿豆腐
……1/2丁（150g）

長ねぎ……5cm

もやし……1/3袋

**A**
- しょうゆ・みそ……各大さじ1
- 鶏がらスープの素……小さじ2
- 豆板醤……小さじ1

**B**
- 無調整豆乳・水……各250mℓ
- 白すりごま……大さじ2

ごま油……小さじ1

ラー油……適宜

**作り方**

1. 豆腐は食べやすい大きさに切り、長ねぎは小口切りにする。
2. フライパンにごま油を中火で熱し、ひき肉、長ねぎ、**A**を入れ、豆板醤の香りが立つまで炒める。
3. 豆腐、もやし、**B**を加え、弱めの中火で蓋をして10分ほど煮込む。
4. 器に盛り、好みでラー油をかける。

Hanaのワンポイント

**ラー油は途中でかければ、味の変化を楽しめるよ！**

食べると心がほっこりする

# ポルトガルのキャロットスープ

ポルトガルで出会った大切な人から教わったスープ。ミキサーがない場合は、フォークでつぶすか、先に野菜をすべてすりおろして作ってね。

**材料　3人分**

にんじん……中1本
玉ねぎ……1/2個
じゃがいも……1個（100g）
**A**
　水……500㎖
　顆粒ブイヨン……小さじ2弱
　オリーブオイル……大さじ2
チャバタ（P58）など好みのパン……適量

**作り方**

1. にんじん、玉ねぎ、じゃがいもは一口大に切る。
2. 鍋に**1**、**A**を入れて中火にかけ、ひと煮立ちしたら蓋をして弱火で30分ほど煮込む。野菜に竹串がスッと通るくらい柔らかくなったら火を止め、粗熱をとる。
3. ミキサーに**2**を入れ、なめらかになるまで撹拌する。
4. 器に盛り、好みのパンを添える。

Hanaのワンポイント

**さらっとした食感が好みなら、水を少し多めに入れてみてね。**

寒い朝に食べたくなるスープ

# 野菜たっぷりトマトスープ

キャベツをたっぷり入れることで、甘みが増して美味しい！
ベーコンで旨みをプラスしたり、余った野菜を使ったりしても◎。

**材料　3人分**

キャベツ……1/8個
玉ねぎ……1/4個
にんじん……中1/3本
なす……1本

**A**
- 水……500mℓ
- トマト水煮缶（カット）……1/2缶（200g）
- トマトケチャップ……大さじ1
- 砂糖……小さじ1
- 顆粒ブイヨン……小さじ2弱

オリーブオイル……大さじ1
フォカッチャ（P62）など好みのパン……適量

**作り方**

**1** キャベツは1cm四方に切る。玉ねぎ、にんじん、なすは1cm角に切る。

**2** 鍋にオリーブオイルを中火で熱し、**1**を入れてさっと炒める。

**3** **A**を加え、蓋をして弱めの中火で20～30分煮込む。

**4** 器に盛り、好みのパン を添える。

Hanaのワンポイント

**野菜はパプリカやキャベツなど、好みのものを入れてOK！**

具沢山だから、満足感も◎！

## 豚汁

「おかずがなんとなく物足りないな…」と思ったときは、豚汁の出番！
豚肉は脂身が多い部分を入れることで、旨みが出て美味しくなるよ。

保存期間
冷蔵
3日

3分あれば作れる！

## わかたま中華スープ

小腹が空いたときは、卵なしのわかめスープをよく作るよ。
卵を入れることで、栄養バランスもバッチリ！

保存期間
冷蔵
3~4日

**材料　5人分**

豚バラ薄切り肉……150g
玉ねぎ……1/4個
こんにゃく（アク抜き済み）……1/3枚
長ねぎ……5cm
大根……3cm
にんじん……中1/4本
ごぼう……1/3本
油揚げ……1枚
**A**｜みそ……大さじ4
｜しょうゆ・酒・みりん……各大さじ2
｜和風顆粒だし……小さじ1
水……1ℓ
ごま油……大さじ1

**作り方**

**1**　豚肉、玉ねぎ、こんにゃくは食べやすい大きさに切る。長ねぎは小口切りにする。大根、にんじんは2mm厚さのいちょう切りにする。ごぼうはささがきにし、水に2〜3分ほどさらして水けをきる。

**2**　油揚げはザルなどに入れ、湯をかけて油抜きをし、短冊切りにする。

**3**　鍋にごま油を中火で熱し、**1**、**2**を入れて炒め、豚肉の色が変わったら分量の水を加える。

**4**　煮立ったらアクを取り、**A**を加えてひと煮立ちさせる。

---

**材料　4人分**

わかめ（乾燥）……5g
溶き卵……2個分
**A**｜鶏がらスープの素・ごま油
｜……各大さじ1
｜薄口しょうゆ……小さじ2
｜すりおろししょうが（チューブ）・
｜すりおろしにんにく（チューブ）
｜……各小さじ1
水……800mℓ
ラー油……適量

**作り方**

**1**　わかめは水で戻し、水けをしっかりと絞る。

**2**　鍋に分量の水を入れて中火にかけ、沸騰したら**1**、**A**を加えて少し煮立たせ、溶き卵を回し入れる。

**3**　器に盛り、ラー油をかける。

Hanaのワンポイント

**溶き卵は、細い糸を描くように少しずつ加えることでふわふわになるよ。**

玉ねぎの甘みを存分に引き出して

# オニオングラタンスープ

パンが余っているときや、かたくなってしまったときにおすすめ。
スープに浸して食べると、すごく美味しいよ。

**材料　1人分**

玉ねぎ……1/2個
フランスパン（1cm幅）……2切れ
バター……大さじ1
ピザ用チーズ……適量
**A**　水……200mℓ
　顆粒ブイヨン……小さじ1
　塩……ひとつまみ

**作り方**

1. 玉ねぎは薄切りにする。
2. フライパンにバターを弱めの中火で熱し、**1**を入れ、あめ色になるまでじっくりと炒める。
3. **A**を加え、蓋をして、弱めの中火で7分ほど煮込む。
4. 耐熱容器に**3**を入れ、フランスパンをちぎって加える。ピザ用チーズをのせ、オーブントースターで表面がこんがりするまで3分ほど焼く。

Hanaのワンポイント

**玉ねぎは弱火でじっくり炒めて、甘みを引き出すのがポイント。**

風邪のひき始めや、疲れた体に！

# 牛肉のスープ

牛肉を特売で安く買えたら、たまには作ってみてほしい！
牛肉とにんにくたっぷりのスープは、
みんなの体にエネルギーを与えてくれるはず！

**材料　3人分**

牛薄切り肉……150g
長ねぎ（白い部分）……5cm
えのきだけ……1/2袋
にんにく……1かけ
しらたき（アク抜き済み）……100g
**A**
- 水……500mℓ
- 薄口しょうゆ……大さじ2
- 和風顆粒だし……小さじ1強

塩……適量
ごま油……大さじ1

**作り方**

1. 長ねぎは斜め薄切りにし、えのきだけは根元を切り落として半分に切る。にんにくは薄切りにする。
2. 鍋にごま油を中火で熱し、牛肉、にんにくを入れてさっと炒め、長ねぎ、えのきだけ、しらたきを加え、牛肉の色が変わるまで炒める。
3. **A**を加えて5分ほど煮込み、塩で味をととのえる。

COLUMN

# 海外旅行と私

自分の知らない土地を歩き、言葉を聞き、食を楽しみ、文化に触れる。そうやって旅の途中に出会った景色が、味が、言葉が、想いが、今の私を創っている。ひとりで旅立つ前はいつも不安になるし、「あれ、なんで私一人で行くんだ？」って思うことも。でも、やっぱり異国に着くと心の奥からワクワクしてくるの。「言葉が通じない！字も読めない！ でも、私は今、ここに居る！ ひとりで！」って。

日常生活を送っていると、買い物もレストランでの注文も、何もかも問題なくできてしまうけど、異国だとそうはいかない。レストランで注文するのも一苦労…。でも、その度に助けてくれる人のやさしさに感動したり、自分の実は怖がりな一面に苦笑したり。そうやって体験する小さな気づきが私にはすごく大切なの。自分は何を感じているのか？ 自分の中に取り入れたい文化は何なのか？ 一人旅だと話す相手も居ないから、そんなことを考えながら散歩してみたり。忙しなく生きていると忘れがちな「考えに思いを巡らす」時間を持つために、私は旅に出るのかもしれません。

## カナダ留学

### 私の人生の1つめのターニングポイント

人生で初めて、長期で海外に飛び立ったのは、20歳の頃。どうしても英語が話せるようになりたかった私は、大学を休学して5か月間カナダへ留学に行きました。そこが私の人生の1つめのターニングポイントだったと思う。出発の日の朝にお母さんと大喧嘩。仕事の合間を縫って空港まで送ってくれるはずだったのだけれど、私が意固地になって勝手に家を飛び出して、黙ってひとりで空港まで行ったのです…。そうやって大口叩いて出たものの、行きの飛行機の中では泣き、着いてからもホームシックに。「どうにかして話せるようにならないと」って思って、毎日必死だったなぁ。でも、それがすごく楽しかった。私のホームステイ先の家族はママ、パパ、そして娘が2人いて、彼らからたくさんのことを学びました。特に、ママとパパが2人で協力をして家事をし、“家族”を作り上げていく姿は、私が日本で思い描いてきた“家族像”とはかけ離れたもので、印象的だったな。学校では1人のコロンビア人の女性と仲よくなって、いつしか、彼女は私のロールモデルに。何をするにも誰よりも真剣で、一生懸命。失敗も笑い飛ばしながら、意地でも成功に変える馬力がある。20歳の私は「いつか彼女みたいになりたい!」そう思って、毎日を過ごしていました。カナダでの出会いが、私を大きく変えてくれたよ。

## ポルトガル

### 太陽の国で出会った、太陽のように温かな人たち

大学3年生の頃、私の学校に留学していた子と仲よくなったことがきっかけで、初めてヨーロッパへ。ポルトガルでは、今でも『ポルトガルの父と母』と呼べる人と出会うことができたの。農業をしながら暮らす彼らは、雨が降ると「おぉ! これは草木が喜ぶなぁ」って言ったり、私が何かに失敗をしたと話すと「それはもーっと大きな失敗をする前に、その小さな失敗が君を守ってくれたのかも」と言ったり。そして、綺麗な夕日を見ながら自分を大きく抱きしめて「I forgive myself, I love you and I'm grateful.」(私は自分を許し、あなたを愛し、すべてに感謝しています)とつぶやくことを教えてくれました。他人と比較しては自分を否定して、決められた形、姿でいることに執着していた私。彼らとの出会いは、私の心を丸く、柔らかなものに変えてくれました。大きな虹、羊の親子が散歩している姿。近所のおばあちゃんがくれたパンの香り。家族が揃って食べる休日のランチ。雨の後の草木の蒼さ。太陽の国ポルトガルで出会った人々から、私は「生き方」そのものを学んだと思います。

COLUMN

# 私の愛用している食器たち

お料理をする上で欠かせないもの、それがお気に入りの器たち！ かわいい器があるだけで、盛りつけたいがために料理をしたくなります。私にとって、料理を毎日頑張るモチベーションになっているかもしれません。特に気に入っているのが、旅先で購入した器たち。出会ったその瞬間のトキメキを使うたびに思い出すことができます。

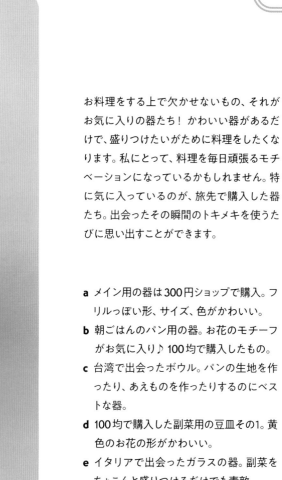

**a** メイン用の器は300円ショップで購入。フリルっぽい形、サイズ、色がかわいい。

**b** 朝ごはんのパン用の器。お花のモチーフがお気に入り♪ 100均で購入したもの。

**c** 台湾で出会ったボウル。パンの生地を作ったり、あえものを作ったりするのにベストな器。

**d** 100均で購入した副菜用の豆皿その1。黄色のお花の形がかわいい。

**e** イタリアで出会ったガラスの器。副菜をちょこんと盛りつけるだけでも素敵。

**f** 100均で購入した副菜用の豆皿その2。パン用の器（**b**）と同じお店で購入。

**g** 100均で購入した副菜用の豆皿その3。一番のお気に入りで毎日使っています♪

a
b
c
d
e
f
g

PART 4

# 気分で選ぶ とっておき ごはんとおやつ

いつも元気でいたいけど、
落ち込んじゃうときや、疲れちゃうときもある。
そんなときに、自分を元気にしてくれるのは、
やっぱり美味しいごはんやおやつたち。
どんなときも元気になれる
とっておきレシピをご紹介します。
窓を開けて、好きな音楽をかけながら
キッチンに立ってみて。
美味しそうな匂いが部屋中に立ち込めて、
いつの間にかご機嫌になるはず。

海外に行きたいときに作りたい

本場ベトナムのシェフから学んだ
秘伝のレシピ

# ブンチャー

「海外旅行に行きたいけど、今すぐには行けない…」

そんなときは、海外を感じられる料理を作ってみるなんてどう？

パクチーとナンプラーの香りが、あなたをベトナムへ連れて行ってくれるかも。

## 材料　1人分

豚ひき肉……100g
ナンプラー……小さじ1
小ねぎ（小口切り）……少々
にんじん……2cm
米粉麺（乾燥）……50g

**A**
- 小ねぎ（小口切り）……5cm
- 水……50mℓ
- しょうゆ・酢・ナンプラー……各大さじ1
- 砂糖……小さじ2
- すりおろしにんにく（チューブ）……小さじ1

サラダ油……小さじ2
パクチー・ミント……各適宜

## 作り方

1. にんじんは2mm厚さのいちょう切りにする。
2. ボウルにひき肉、小ねぎ、ナンプラーを入れて混ぜ合わせ、3〜4等分して一口大の円形に成形する。
3. フライパンにサラダ油を中火で熱し、**2**を入れて両面を5分ほど焼く。
4. 鍋にたっぷりの湯を沸かし、米粉麺を袋の表示時間通りにゆでて、水けをきる。
5. 耐熱容器に**A**を入れ、ラップをして電子レンジで1分加熱する。**1**、**3**を加える。
6. 器に**4**、好みでパクチー、ミントを盛り、**5**を添え、つけながらいただく。

Hanaのワンポイント

米粉麺がない場合はうどんやそうめんにしてもOK！

両方試したことがあるけど、とても美味しかったよ。

memo

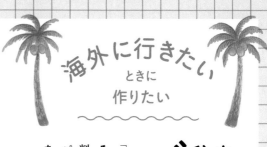

## たくさん頑張った日に食べたい

### 疲れて帰ってきた日はチャーハンに限る！

# 枝豆チャーハン

「疲れたー、でもおなか減ったーー！」

そんなときはチャーハンに限る！

フライパンに、ごはんと冷蔵庫にあるものを入れて、卵を加えればそれで完成！

パパッと作って食べたら、お風呂に入ってすぐに寝ちゃおう。

今日も一日、よく頑張ったよ！

**材料　1人分**

ごはん……茶碗1杯分
枝豆（冷凍／さやから取り出す）……正味30g
ロースハム……2枚
溶き卵……1個分
鶏がらスープの素……小さじ1/2
しょうゆ……小さじ1
粗びき黒こしょう……適量
ごま油……大さじ1
小ねぎ（小口切り）……適量

**作り方**

1. ハムは1cm四方に切る。
2. フライパンにごま油を中火で熱し、枝豆、**1**を入れてさっと炒め、ごはんを加えて全体に油をからめる。
3. 溶き卵を回し入れ、全体がパラパラになるまでしっかりと炒め、鶏がらスープの素を加え、しょうゆを鍋のふちから回しかける。粗びき黒こしょうをふる。
4. 器に盛り、小ねぎを散らす。

memo

Hanaのワンポイント

**最後に少しだけ強火で炒めてあげると、パラッと仕上がるよ。**

ちょびっと
# 落ち込んだ日に作りたい

## 隠し味はたっぷりの愛！
# レモンクッキー

うまくいかない日、涙が出そうになった日、いろんな思いが頭をぐるぐる、心はモヤモヤ。そんなときは好きな音楽をかけて、このクッキーを作ってみてね。きっと大丈夫、すべてうまくいく！ そんな思いを込めて、ネジネジしてみて！ いい香りが部屋中に広がって、焼き上がったときに、きっと少し笑顔になれるはずだから。

**材料　作りやすい分量**

薄力粉……170g
レモンの皮……1/2個分
バター（常温に戻す）……60g
砂糖……50g
卵……1個
粉砂糖……適量

**作り方**

1　薄力粉はふるい、レモンの皮はすりおろす。
2　ボウルにバター、砂糖を入れ、卵を割り入れたら、泡立て器でしっかり混ぜる。
3　**2**に**1**を加え、ヘラでしっかり混ぜ合わせる。生地を手で1つにまとめ、ラップをして冷蔵庫で1時間ほど休ませる。
4　**3**を約20等分して1cm幅、20cm長さほどの棒状に成形し（**a**）、U字状に折り曲げて両端をねじる（**b**）。
5　天板にクッキングシートを敷き、**4**を並べ、170℃に予熱したオーブンで15～20分焼く。粗熱がとれたら粉砂糖をふる。

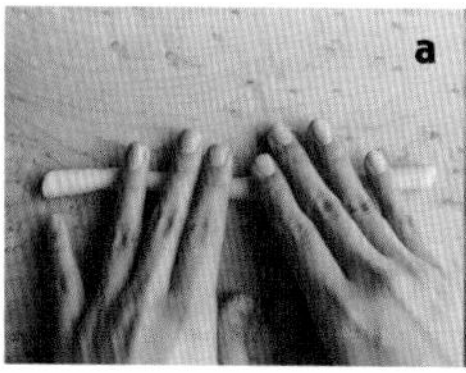


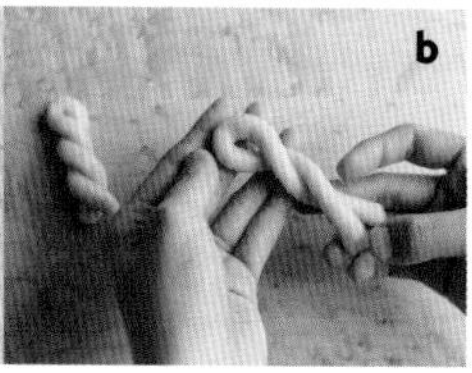


Hanaのワンポイント

たっぷりの砂糖と愛情を込めて、「私の心よ、温まれ～」と思いながら作るのがポイント！

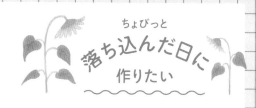

HERE
ODAY

寒い雨の休日に
作りたい

# 層になってる手作り生地が美味 ラザニア

「雨も降っているし、今日は外に出たくないなぁ…」
そんなときはラザニアを生地から作ってみるなんてどう？
生地もソースも簡単だから、気軽に挑戦してみてほしい！
オーブンで焼いている時間は、テレビを見ながら
のんびりするのもよし、掃除をするのもよし。
ホワイトソースの代わりにチーズをたっぷり入れるけど、
市販のホワイトソース缶で、
本格的に作ってみるのもおすすめ。

**材料　作りやすい分量**

合いびき肉……100g
玉ねぎ……1/4個
にんじん……中1/4本

**A**
- 強力粉……100g
- 溶き卵……1個分
- オリーブオイル……小さじ1
- 塩……ひとつまみ

**B**
- トマト水煮缶(カット)……1/2缶(200g)
- トマトケチャップ……小さじ2
- しょうゆ・顆粒ブイヨン・すりおろしにんにく(チューブ)……各小さじ1

ピザ用チーズ……100g

**作り方**

1. ボウルに**A**を入れて混ぜ合わせ、しっかりとこねる。生地がまとまったらラップをして冷蔵庫で10分ほど休ませる。
2. **1**を5㎜厚さに伸ばし、耐熱皿の大きさに合わせて4枚に切る。鍋にたっぷりの湯を沸かし、5分ほどゆでて水けをきる。
3. 玉ねぎ、にんじんはみじん切りにする。
4. 別の耐熱容器にひき肉、**3**、**B**を入れて混ぜ合わせ、ラップをして電子レンジで8分加熱したら混ぜ合わせる。
5. 耐熱皿に**2**の生地1枚、1/4量の**4**、1/4量のピザ用チーズの順に重ねる。これを4回繰り返して層にする。
6. 180℃に予熱したオーブンで20〜30分焼く。

Hanaのワンポイント

**生地は細長く切れば生パスタとしても食べられるよ。好みのパスタソースと合わせてね。**

友達や家族との

パーティーで

作りたい

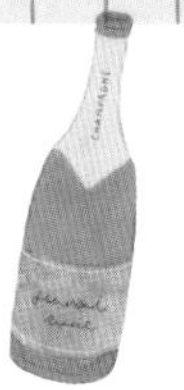

ガブッとかぶりつきたい！

# バッファローウイング

リーズナブルに買える手羽元が、ご馳走メニューに！
ボリューム感もあるから、ホームパーティーにぜひ並べて！
2種類の味つけで作れるから、見た目もグッと華やかに！

**材料　作りやすい分量**

鶏手羽元（または手羽先）……10本

塩・こしょう・片栗粉……各適量

揚げ油……適量

レモン（薄切り）……適量

**ホットソース**

**A**
- トマトケチャップ……大さじ2
- タバスコ……大さじ1
- はちみつ・すりおろしにんにく（チューブ）……各小さじ1

**レモンソース**

バター……20g

**B**
- レモン汁……大さじ1
- すりおろしにんにく（チューブ）……小さじ1
- 鶏がらスープの素……小さじ1/2

**作り方**

**1**　鶏手羽元は切り込みを入れ、塩、こしょうをふり、片栗粉をまぶす。

**2**　鍋に3cm深さの揚げ油を160℃に熱し、**1**を入れ、カラッとするまで3～5分ほど揚げる。

**3**　ボウルに**A**を入れて混ぜ合わせる。耐熱容器にバターを入れ、ラップをして電子レンジで20秒加熱して溶かし、**B**を加えて混ぜ合わせる。

**4**　**2**を**3**のソースにそれぞれからめる。

**5**　器に盛り、レモンを添える。

Hanaのワンポイント

**手羽元は、骨の周りまでしっかり加熱するために、揚げる30分前には冷蔵庫から出して常温に戻してね。**

memo

750 ml

早起きした休日に作りたい

ザクザクとした食感がたまらない！

# グラノーラ

朝ごはんが楽しみになるグラノーラ。好みのナッツやドライフルーツを入れて自分だけのグラノーラを作ってみてね。そのまま食べるのも美味しいけれど、ヨーグルトや牛乳と合わせるのも◎。

memo

**材料　作りやすい分量**

**A**
- オートミール……200g
- はちみつ……40g
- シナモンパウダー……4g
- 塩……3g
- ココナッツオイル（または米油）……20g

板チョコ……1枚（50g）

ナッツ（アーモンドなど）・
　ミックスドライフルーツ……各適宜

牛乳……適量

**作り方**

1. 板チョコは細かく刻む。
2. ボウルに**A**を入れて混ぜ合わせる。
3. フライパンを中火で熱し、**2**を入れて5分ほど炒る。カラカラと音がしてきたら火を止め、**1**を加えて全体にからめる。
4. 好みでナッツ、ドライフルーツを加えてからめ、常温まで冷ます。牛乳をかけていただく。

Hanaのワンポイント

ドライフルーツは加熱すると冷めたときにかたくなるので、最後に入れるのがおすすめだよ。

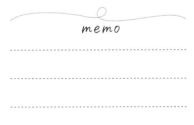

少し疲れたな…

かぜ気味のときに食べたい

どこか昔懐かしい、ほっとする味わい

# 酒粕汁

これは、私が大好きな母の味。
「疲れたなぁ、なんだか体調がすぐれないなぁ。」
そんなときは、野菜がたっぷり入った酒粕汁で元気をチャージ！
鮭やたらなどを加えても◎。
酒粕の深みある味わいが好みだったら、
少しずつ酒粕を追加して、好みの濃さを見つけてね。

**材料　2〜3人分**

酒粕……50g
豚バラ薄切り肉……100g
にんじん……中1/4本
ごぼう……1/4本
長ねぎ……5cm
こんにゃく（アク抜き済み）……1/2枚
水……600mℓ
和風顆粒だし……4g
みそ……大さじ2
ごま油……大さじ1
長ねぎの青い部分（小口切り）……5cm分

**作り方**

**1** 豚肉は一口大に切る。

**2** にんじんは2mm厚さのいちょう切りにする。ごぼうはささがきにし、水に2〜3分ほどさらして水けをきる。長ねぎは斜め薄切りにし、こんにゃくは厚さを半分に切り、短冊切りにする。

**3** 鍋にごま油を中火で熱し、**1**を入れて色が変わるまで焼く。**2**を加えて炒め合わせる。

**4** 分量の水、和風顆粒だしを加え、野菜が柔らかくなるまで10分ほど煮る。

**5** 酒粕、みそを加えて溶く。

**6** 器に盛り、長ねぎの青い部分を散らす。

Hanaのワンポイント

しめじやしいたけ、まいたけなどのきのこをたっぷり入れるのもおすすめ！ こんにゃくの代わりに油抜きした油揚げを加えても、コクがアップして美味しいよ。

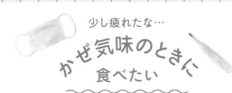

お菓子レシピ 1

# ザクザク食感がたまらない！ オートミールクッキー

「クッキーが食べたいけど、バターたっぷりは気が引けるな…何かいいレシピある？」と友人に聞かれたことがこのレシピ考案のきっかけ！
オートミールは食物繊維がたっぷりだから、不足しがちな栄養もとれるよ！

**材料　作りやすい分量**

**A**
- オートミール……70g
- 薄力粉……30g
- ココアパウダー……10g
- 砂糖……30g
- 塩……ひとつまみ
- ミックスナッツ（刻む）……20g
- サラダ油・水……各大さじ2

板チョコ……20g

**作り方**

1. 板チョコは細かく刻む。
2. ボウルに**A**、**1**を入れて混ぜ合わせ、5分ほど休ませる。
3. 天板にクッキングシートを敷き、**2**をスプーンで一口分ずつすくって並べる。
4. 170℃に予熱したオーブンで15分ほど焼く。

Hanaのワンポイント

生地を成形するときはかたく握らず、スプーンから落として軽くととのえる程度でOK! さっくり食感になるよ。

memo

## おうちでカフェスイーツを作っちゃおう!

# アメリカンなチョコスコーン

朝ごはんにも、おやつにもぴったりのスコーン。お店で買ったようなサクサク食感にするポイントは、バターを冷やすことと、生地を折りたたんでからしっかり冷やすこと。

**材料　作りやすい分量**

薄力粉……300g
ベーキングパウダー……5g
**A** ｜砂糖……30g
　　｜塩……2g
板チョコ……50g
無塩バター……60g
無調整豆乳……80㎖
溶き卵……適量

**作り方**

**1**　薄力粉とベーキングパウダーは混ぜ合わせてふるう。

**2**　板チョコは細かく刻む。バターは1cm角に切って冷蔵庫で冷やしておく。

**3**　ボウルに**1**、**A**を入れて混ぜ合わせ、バターを加え、カードでバターを細かく切りながら混ぜる(**a**)。

**4**　バターが細かくなったら、手でこすり合わせて全体を細かいそぼろ状にする(**b**)。

**5**　豆乳、板チョコを加え、粉っぽさがなくなるまで混ぜ、ひとまとめにする。ラップで包み、冷蔵庫で1時間ほど休ませる。

**6**　**5**を伸ばして半分に折り(**c**)、これを3回繰り返したらラップで包み、冷蔵庫でさらに1時間ほど休ませる。

**7**　**6**を2cm厚さに伸ばし、好みの形に切る。

**8**　天板にクッキングシートを敷き、**7**をのせ、表面に溶き卵を刷毛で塗る。

**9**　180℃に予熱したオーブンで30分ほど焼く。

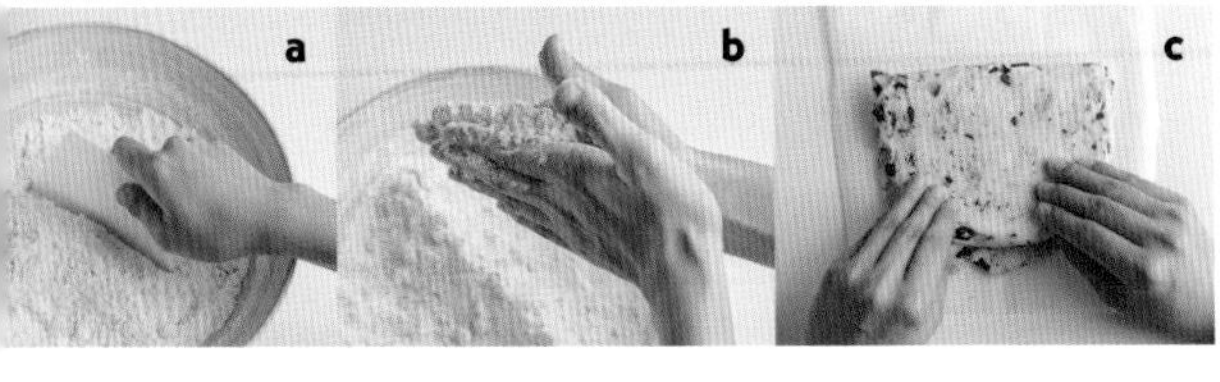

お菓子レシピ 3

## 愛情たっぷり！母から学んだ簡単おやつ

# フルーツ寒天ゼリー

子どもの頃、たくさんの友人が家に遊びに来たときに、母が作ってくれたフルーツゼリー。「フルーツ缶を使えばたくさん食べられる！」母の愛と工夫から生まれたゼリーです。

**材料　作りやすい分量**

好みのフルーツ缶……1缶（425g）

**A**
- 棒寒天……4g
- 砂糖……大さじ1
- 水……150mℓ

**作り方**

1. フルーツは大きければ食べやすい大きさに切る。
2. 鍋にシロップごとのフルーツ、**A**を入れて中火にかけ、煮立ったら吹きこぼれないように火加減に注意しながら、1～2分よくかき混ぜる。
3. 耐熱容器に移し、粗熱がとれたら冷蔵庫で3～5時間冷やす。
4. 食べやすい大きさに切り、器に盛る。

Hanaのワンポイント

**作り方2では必ず煮立たせて、寒天をよく溶かしてね。寒天は酸が強いフルーツを入れると固まりにくいから、キウイはNG。みかんやパイナップルも生ではなく、缶詰を使ってね。**

# お金がないときに！
# チョコ餅

ごはんを食べた後に、どうしてもスイーツが食べたい…！
そんなときに生まれたのがこのチョコ餅。
材料が少なくて、オーブンも使わず、そして安い！
甘いスイーツは心の栄養。
節約していても諦めないで！

**材料　1人分**

板チョコ……15g

**A**
- 無調整豆乳（または牛乳）……70mℓ
- 砂糖……10g
- 片栗粉……7g

ココアパウダー……適量

**作り方**

**1** 板チョコは細かく刻み、湯煎で溶かす。

**2** 鍋に**A**を入れて弱火にかけ、混ぜながらとろみがつくまで加熱する。

**3** **1**を加えてよく混ぜ、耐熱容器に移す。粗熱がとれたら冷蔵庫で1時間ほど冷やす。

**4** 食べやすい大きさに切り、ココアパウダーをかけ、器に盛る。

memo

Hanaのワンポイント

板チョコをホワイトチョコに、ココアパウダーを抹茶パウダーに代えても◎。

お菓子レシピ 5

イタリアで食べた忘れられない味

# ビスコッティ

本当に簡単だけど、現地の味をしっかり再現できたとっておきのお菓子レシピ。

ザクザク食感に仕上げるコツは、一度焼いた生地を切って、さらに切った面を焼くこと。

このひと手間で香ばしくなって、美味しく仕上がるよ！

## 材料　作りやすい分量

強力粉……100g

ベーキングパウダー……1g

板チョコ……25g

ミックスナッツ……50g

**A**
溶き卵……1個分
砂糖……60g
塩……ひとつまみ

## 作り方

**1** 強力粉とベーキングパウダーは混ぜ合わせてふるう。板チョコ、ミックスナッツは細かく刻む。

**2** ボウルに**A**を入れてよく混ぜ、**1**を加えてしっかり混ぜ合わせる。手で生地を1つにまとめ、ラップをして冷蔵庫で1時間ほど休ませる。

**3** **2**を2㎝高さ、20㎝幅に成形する。

**4** 天板にクッキングシートを敷き、**3**をのせ、170℃に予熱したオーブンで30分ほど焼く。

**5** 一度オーブンから取り出し（**a**）、5分ほどおいて粗熱をとり、2㎝幅に切る。

**6** **5**の断面を上にして再び天板に並べ（**b**）、170℃のオーブンで5～10分焼く。

**a**

**b**

memo

# おわりに

約5年前、地元から上京するために新幹線に乗った私。大きなバッグの中に入っているのは、たくさんの不安とほんの少しのお金だった。小さな小さな部屋で毎日、一人分のごはんを作っては食べてを繰り返しながら、少しずつ仕事にも慣れ、家事にも慣れていった。そんな風に暮らしていたあの頃の私に、今の私が見ている景色を見せてあげたら、多分、「これって夢でしょ？」って言うと思う。

好奇心で始めたYouTubeやInstagramでは、私の想像をはるかに超える数の人たちがいつも応援してくれていて、「子どもがパクパク食べてくれたよ！」「お料理は苦手だけど、一緒に頑張っている気持ちになれるよ！」と嬉しいメッセージをもらえたり。

みんなは私に元気づけられていると言ってくれるけど、一番元気づけられているのは私なのかもしれない。

「どうしてそんなにお料理ができるの？」と、メッセージをいただくことがあります。でも、私は昔から食べることは好きだけど、「お料理が大好き！　得意！」っていうタイプではなかったの。何かを作ることは好きだけど、継続してやるのは大の苦手。でも、食事は月に1回のイベントなどではなく、毎日のこと…（トホホ）。そして、毎日のことだからこそ、「もうめんどくさい！ ごはん作り疲れたよ！」ってなることも本当に多かった。その純粋な「めんどくさい！」という感情が、私の「いかに毎日のごはん作りを楽にするか」という思考に繋がって、毎週日曜日の作りおきや献立作りが生まれました。「作りおきがあれば毎日作るのはメインだけ、お買い物も週1回だから仕事後はそのまま家に直帰できる！ そして節約にも繋がる！ アイデア1つでお料理がこんなに楽に、そして楽しくなるんだ！」と感じたあの日の喜びを、みんなにも感じてもらえたら私はすごく嬉しいな。

そして、私にお料理の基礎を教えてくれたお母さんとおばあちゃん。旅の道中で出会い、世界のレシピを教えてくれた人々。そしていつも、おいしいお菓子のレシピをみんなに届けるお手伝いをしてくれるくまさん。彼らのおかげで、この本はたくさんの愛が詰まった1冊になりました。

この本を手に取ってくれたみんなの人生が、愛と美味しさで満ち溢れたものになりますように。

2024年4月　Hana

著者

Hana（はな）

1週間、1日3食を2000円で作る料理動画が話題を呼び、同世代を中心に多くの女性に支持されている。2023年にSNS活動を開始後、1年弱でYouTube登録者数は20万人、Instagramフォロワー数は39万人、TikTokフォロワー数は11万人を突破。

Instagram/TikTok @hana_sunnydays
YouTube「Hanaの暮らし」

# 1週間《しゅうかん》2000円《えん》 ひとり暮《ぐ》らしごはん


2024年6月5日　初版発行
2024年7月20日　第4刷発行

著者
Hana《はな》　

発行者
田村正隆

発行所
株式会社ナツメ社
東京都千代田区神田神保町1-52 ナツメ社ビル1F（〒101-0051）
電話 03（3291）1257（代表）　FAX 03（3291）5761　振替 00130-1-58661

制作
ナツメ出版企画株式会社
東京都千代田区神田神保町1-52 ナツメ社ビル3F（〒101-0051）
電話　03（3295）3921（代表）

印刷所
広研印刷株式会社

撮影
中垣美沙

スタイリング
木村遥

デザイン
三木俊一、游瑀萱（文京図案室）

イラスト
篠塚朋子

編集協力／執筆協力
丸山みき（SORA企画）

編集アシスタント
樫村悠香、秋武絵美子、永野廣美
（SORA企画）

編集担当
遠藤やよい（ナツメ出版企画株式会社）

ISBN978-4-8163-7559-0
Printed in Japan
〈定価はカバーに表示してあります〉
〈落丁・乱丁本はお取り替えします〉




本書に関するお問い合わせは、書名・発行日・該当ページを明記の上、
下記のいずれかの方法にてお送りください。電話でのお問い合わせはお受けしておりません。
・ナツメ社webサイトの問い合わせフォーム https://www.natsume.co.jp/contact
・FAX 03-3291-1305
・郵送（上記、ナツメ出版企画株式会社宛て）
なお、回答までに日にちをいただく場合があります。
正誤のお問い合わせ以外の書籍内容に関する解説・
個別の相談は行っておりません。あらかじめご了承ください。

ナツメ社Webサイト
https://www.natsume.co.jp
書籍の最新情報（正誤情報を含む）はナツメ社Webサイトをご覧ください。